Elogios

ALGUIEN COMO YO

"Uno no pensaría que una desgarradora historia de inmigración terminaría con una niña indocumentada que se convierte en vicepresidenta de un banco multinacional de inversión en Estados Unidos. Y, sin embargo, la historia de Arce es el retrato de una niña ambiciosa, dispuesta a hacer cualquier cosa para alcanzar el Sueño Americano, en un país que inicialmente no la quería". —*Los Angeles Times*

"*Alguien como yo* es una historia valiente e importante, que muestra la hermosa capacidad de recuperación de los inmigrantes que forjan un hogar en una tierra desconocida. La voz honesta y firme de Julissa es refrescante e inspiradora, un regalo para todas las mujeres jóvenes de raíces inmigrantes. Este libro debería ser de lectura obligatoria".

—Erika L. Sánchez, autora de
Yo no soy tu perfecta hija mexicana

"¡Brillante! De manera muy cautivante, Julissa nos muestra que cuando creemos en algo con todo nuestro corazón, y nos preparamos para el éxito, la oportunidad nos encontrará".

—Diane Guerrero, actriz y autora de
En el país que amamos: Mi familia dividida

"*Alguien como yo* es una hermosa historia de amor, perseverancia y supervivencia. Arce ofrece a los lectores una ventana conmovedora y desgarradora al dolor y la ansiedad que sufren las familias inmigrantes separadas por la frontera, en un momento en que lo necesitamos desesperadamente. Es una inspiración para todos los estadounidenses".

—Sara Saedi, autora de
Americanized: Rebel Without a Green Card

"Desearía que este libro hubiera existido cuando mis sueños se sentían fuera de mi alcance. Los jóvenes tienen la suerte de poder leer la historia de Julissa, y darse cuenta, sin lugar a dudas, de que lo imposible es posible".

—Reyna Grande, autora de *The Distance Between Us*

"Al igual que los 'DREAMers' de hoy, Julissa deja en claro su aprecio por sus raíces y su gratitud por todas las oportunidades que tuvo en los Estados Unidos. Ofrecer a los jóvenes un punto de vista autobiográfico sobre un tema controversial es imprescindible". —*Booklist* (reseña destacada)

"Una historia honesta y sincera de supervivencia".

—*Kirkus Reviews*

JULISSA ARCE

ALGUIEN COMO YO

Julissa Arce es escritora, oradora y activista en favor de la justicia social, y colabora en las plataformas mediáticas CNBC y Crooked. Es la cofundadora y presidenta del Ascend Educational Fund, un programa de becas y tutorías universitarias para estudiantes inmigrantes, independientemente de su estatus migratorio u origen étnico o nacional. Julissa también es miembro de la junta del National Immigration Law Center. Antes de convertirse en activista, desarrolló una exitosa carrera en Wall Street, trabajando en los bancos Goldman Sachs y Merrill Lynch.

ALGUIEN
COMO
YO

ALGUIEN COMO YO

La lucha de una niña indocumentada por alcanzar el sueño americano

JULISSA ARCE

TRADUCCIÓN DE
WENDOLÍN PERLA

VINTAGE ESPAÑOL

Una división de Penguin Random House LLC

Nueva York

PRIMERA EDICIÓN VINTAGE ESPAÑOL, ABRIL 2020

Copyright de la traducción © 2019 por Penguin Random House LLC

Todos los derechos reservados. Publicado en los
Estados Unidos de América por Vintage Español, una división
de Penguin Random House LLC, Nueva York, y distribuido en
Canadá por Penguin Random House Canada Limited, Toronto.
Originalmente publicado en inglés bajo el título *Someone Like Me* por Little,
Brown Books, una división de Hachette Book Group Inc., Nueva York,
en 2018. Copyright © 2018 por Julissa Arce.

Vintage es una marca registrada y Vintage Español y su
colofón son marcas de Penguin Random House LLC.

Información de catalogación disponible en
la Biblioteca del Congreso de los Estados Unidos:
Names: Arce, Julissa, author. | Perla Torres,
Wendolín Sabrina, translator.
Title: Alguien como yo : la lucha de una joven niña
por alcanzar su sueño americano / Julissa Arce ;
traducción de Wendolín Sabrina Perla Torres.
Description: Primera edición Vintage Español | Nueva York : Vintage Español,
una división de Penguin Random House LLC, 2020.
Identifiers: LCCN 2019047598
Subjects: LCSH: Arce, Julissa—Juvenile literature. | Mexican American
women—Texas—Biography—Juvenile literature. | Immigrants—Texas—
Biography—Juvenile literature. | Illegal aliens—Texas—Biography—Juvenile
literature. | Mexican Americans—Biography—Juvenile literature.
Classification: LCC E184.M5 A7418 2020 | DDC 305.48/86872073—dc23
LC record available at https://lccn.loc.gov/2019047598

Vintage Español ISBN en tapa blanda: 978-0-593-08153-2
eBook ISBN: 978-0-593-08154-9

Para venta exclusiva en EE.UU., Canadá, Puerto Rico y Filipinas.

www.vintageespanol.com

Impreso en los Estados Unidos de América
10 9 8 7 6 5 4 3 2 1

Para todos los dreamers que se atreven a luchar por el sueño americano.

CENTRAL ARKANSAS LIBRARY SYSTEM
LITTLE ROCK PUBLIC LIBRARY
100 ROCK STREET
LITTLE ROCK, ARKANSAS 72201

Querido lector:

Se estima que alrededor de 800,000 jóvenes que migraron a Estados Unidos durante su niñez han solicitado ser acogidos bajo el programa gubernamental conocido como DACA (Acción Diferida para los Llegados en la Infancia) desde su creación en 2012. DACA les permitió trabajar de manera legal y quedarse a vivir en Estados Unidos, pese a no ser ciudadanos estadounidenses ni contar con visas vigentes. Al igual que yo, estos jóvenes no llegaron a Estados Unidos por voluntad propia. Algunos viajaron con sus papás cuando eran bebés, y otros se reunieron con sus familiares cuando eran niños. Al igual que yo, se criaron y fueron a la escuela en Estados Unidos y se sienten estadounidenses en toda la extensión de la palabra. A ellos se les conoce como *dreamers* o soñadores.

Luego de vivir muchos años en México sin mis papás, me mudé con ellos a Texas. Aunque migrar a Estados Unidos no fue mi decisión, agradezco a mis papás haberme traído aquí para darme una vida mejor. Mi historia tiene un final feliz. Ahora soy ciudadana estadounidense. No tengo que preocuparme por ser separada de mi familia. Pero, por desgracia, los 800,000 *dreamers* que solicitaron su ingreso al programa DACA desconocen el final de su historia. En septiembre de 2017, el programa DACA fue eliminado y, en un abrir y cerrar de ojos, el futuro de estos jóvenes se volvió incierto. Sin DACA, los *dreamers* no pueden trabajar, conducir o, en algunos casos, asistir a la escuela. Pero lo que es todavía más grave es que los *dreamers* corren el riesgo de ser deportados y separados de sus familias.

En un principio escribí mi historia en forma de autobiografía para adultos, llamada *Entre las sombras del sueño americano*, a fin de arrojar luz sobre las dificultades a que se enfrentan las personas indocumentadas, y ponerle rostro al problema de la inmigración —un tema que suele causar mucha controversia—. Pero también quería compartir mi historia con lectores jóvenes, porque mi propia aventura en Estados Unidos comenzó cuando apenas tenía once años. Tal vez algunos de tus compañeros de clase, o sus papás, sean *dreamers*. *Alguien como yo* es una historia sobre la fortaleza y la perseverancia de nunca abandonar tus sueños, incluso cuando todo parece estar en tu contra. Trata sobre creer en ti mismo y saber desde lo más profundo de tu ser que eres importante y que perteneces a este país.

Los *dreamers* no se han dado por vencidos. Han luchado por su derecho a vivir y a triunfar en Estados Unidos, ya sea protestando en la capital de la nación, organizando llamadas al congreso o compartiendo sus particulares e increíbles historias con el público estadounidense. Este libro va dedicado a ellos.

Mi deseo es que *Alguien como yo* te inspire a perseguir tus sueños y a saber que, sin importar cuán compleja sea tu circunstancia, siempre hay una solución. Sigue adelante y nunca pierdas la esperanza en ti mismo.

Con gratitud,

Julissa Arce

PARTE

1

MILAGRO

EL DÍA QUE CUMPLÍ TRES años, mamá se apresuró para tener todo listo a fin de que pudiéramos asistir a mi presentación en la iglesia. Este es el día en que los papás llevan a sus hijos de tres años a la iglesia para dar gracias por su vida y recibir la bendición de Dios. Tenía mucho por lo cual estar agradecida.

Nací en el cubículo de un baño dos meses antes de lo previsto. Mi tío Alex tuvo que meter las manos debajo de la puerta del baño para sostenerme la cabeza. Apenas si sobreviví al primer día de mi vida, pero resistí. Mamá constantemente me recordaba cuán fuerte había sido; me llamaba "su milagro".

Mi hermana Nay, cinco años mayor que yo, cuenta una versión distinta de la historia. Dice que yo parecía una ratita morada y que olía a retrete.

Papá soñaba con tener un hijo varón cuando nació Aris, mi hermana mayor. Rezó porque fuera un niño cuando llegó mi hermana Nay. Para cuando yo nací, estaba desesperado. Ninguna de nosotras fue capaz de satisfacer ese sueño, pero a diferencia de mis hermanas yo arruiné *para siempre* la posibilidad de que tuviera un hijo varón.

Al nacer, me enredé en el cordón umbilical. "Ambas estábamos muy enfermas, y cuando nos recuperamos el doctor dijo que ya nunca podría darte un hermanito o hermanita", me decía mamá.

Papá aseguraba que no le importaba. "Estaba tan feliz cuando por fin llegaste a casa después de pasar más de un mes en una incubadora del hospital". Sin embargo, me preguntaba si papá me llevaba a los partidos de futbol, me compraba carritos de juguete y me vestía con overoles porque en el fondo *deseaba* que yo fuera niño.

Mamá tomó su bolso y una bolsa de plástico grande llena de globos color rosa, y caminamos desde nuestro departamento, ubicado en un segundo piso, colina arriba hacia la iglesia, abriéndonos paso entre las sinuosas calles adoquinadas de Taxco. Nuestra parroquia, Santa Prisca, era una hermosa catedral construida con piedras rosa en el exterior y paredes doradas en el interior. Mamá vestía un mono blanco y un cinturón dorado, y llevaba el cabello recogido. Papá vestía una guayabera, que es una camisa casual de lino de color blanco, que hacía brillar su piel oscura.

Mi hermana Aris, de trece años, sostenía mi mano. Conforme nos acercamos a la iglesia, me dijo:

—Pronto pasarás al kínder.

Lo decía como si fuera algo emocionante.

Pero mientras caminaba por el pasillo de la iglesia en mi largo y voluminoso vestido de satín rosa, un solo pensamiento ocupaba mi mente: "Ya tengo la edad suficiente para quedarme encargada con la niñera".

Cada miércoles, mis papás y yo salíamos de Taxco para viajar a la siguiente feria, una de las grandes festividades que se realizan a lo largo de todo México, donde mis papás rentaban un puesto y vendían cantaritos, bebidas que se sirven en jarras elaboradas a base de adobe. Aris y Nay no podían acompañarnos porque estaban en la escuela, así que se quedaban en casa con Cande, nuestra niñera. Pensaba que el hecho de ser el milagro de mamá me hacía especial y que siempre podría viajar con ella. Sin embargo, ahora que había cumplido tres años también tendría que quedarme en casa para asistir a la escuela con mis hermanas, mientras mis papás salían de viaje a trabajar en distintas ciudades del país.

Cuando concluyó la misa, caminé por el pasillo con el ceño fruncido. A pesar de las flores que decoraban la iglesia, los aplausos de mi familia y los suspiros de quienes se encontraban sentados en los bancos, tenía miedo.

Mis papás estaban parados uno junto al otro y me esperaban al final del pasillo. Con sus tacones, mamá era mucho más alta que papá. Cuando llegué adonde ellos se encontraban, mamá dijo:

—Mi pequeño milagro, mira qué bonita te ves.

—¿Por qué estás tan seria? Sonríe —agregó papá.

Yo quería sonreír; estaba emocionada por mi vestido, los regalos y el pastel que había escogido. Pero seguía pensando en lo que Aris me había dicho: "Pronto pasarás al kínder". Ser el milagro de mamá carecería de importancia; de todos modos me dejarían en casa, a veces durante semanas enteras.

Mis papás se adelantaron para ajustar los últimos detalles de la fiesta que se realizaría en casa de mi abuela materna, mamá Silvia. Todas nuestras fiestas de cumpleaños y vacaciones se organizaban en su casa. Aunque mis hermanas asistían a una costosa escuela católica y yo estaba a punto de celebrar mi cumpleaños en grande, nuestro departamento era demasiado viejo y pequeño como para hacer una fiesta.

Caminé con Cande e intenté alcanzar a mamá, pero mis piernas no se movían lo suficientemente rápido. Taxco está en las montañas del estado sureño de Guerrero, y las cuestas de las calles adoquinadas me impedían caminar a paso veloz.

—Ya casi llegamos, nenita —dijo Cande.

Vi el enorme árbol de buganvilia roja que trepaba por fuera de los tres pisos de casa de mi abuela y supe que estábamos cerca. Resultaba imposible que la casa de mamá Silvia pasara desapercibida. Tanto en invierno como en primavera, el color rojo del árbol relucía sobre la casa blanca. Su casa era mi lugar favorito en Taxco. En especial, me gustaba que podía jalar la cadena del excusado tirando de una manija brillante de plata, un lujo en una ciudad pequeña como Taxco. Nosotros usábamos una cubeta de agua para vaciar el único excusado que teníamos en casa.

La pequeña reja negra en la entrada de su casa estaba abierta, y subí corriendo por los pocos escalones de piedras diminutas. Cuando abrí la puerta principal, mamá me recibió con un manojo de globos de gran tamaño.

—¡Feliz cumpleaños, mijita!

Me encantaba que me dijera así.

Mamá me condujo hacia la gran sala de estar, donde me esperaban treinta o cuarenta familiares, incluyendo mis primos y primas.

Un payaso con nariz roja, enormes labios rojos y traje rojo inflaba globos y los transformaba en figuras de perros, flores y corazones. Como música de fondo se escuchaban algunas canciones de Cepillín, el famoso payaso mexicano. Organizamos un concurso de baile, jugamos a las sillas musicales y me perdí en la celebración durante un rato. Me olvidé de lo que en realidad significaba cumplir tres años: que pronto mis papás me dejarían atrás.

Escuché al tío Alex, el hermano de mamá que me salvó la vida, gritar:

—¡Chachis! ¡Es hora de partir el pastel!

Chachis fue el apodo que recibí durante mi infancia porque mis primos más pequeños no podían pronunciar mi segundo nombre, Natzely. Corrí hacia el comedor para soplar las velas y partir el pastel. Todos cantaron "Las mañanitas" mientras yo me paraba sobre una silla para alcanzar la cima del pastel.

—Pide un deseo, mijita —dijo mamá, sonriendo.

Apagué las velas y deseé tener dos años para siempre.

Pero el tiempo no se detiene, ni siquiera para cumplir un deseo de cumpleaños.

LA CENTRO

ALGUNOS MESES DESPUÉS, EN MI primer día de kínder, estaba parada en la regadera mientras Cande me bañaba con agua caliente que sacaba de una cubeta de plástico grande y redonda que tenía en el piso. Nuestra regadera estaba descompuesta. Mamá estaba en la cocina preparando el desayuno para mis hermanas, cuyas clases habían empezado una semana antes.

Íbamos a la escuela Centro Cultura y Acción, mejor conocida como "La Centro". La Centro era una escuela católica para niñas —excepto por los tres años de kínder, donde se admitían niños— que cubría desde el jardín de niños hasta el último año de preparatoria. Era una escuela para los niños ricos de Taxco. Nosotros *no* éramos ricos. La gente adinerada de Taxco vivía tranquilamente a las afueras de la ciudad en casas con muchas habitaciones y jardines. Nuestro edificio se encontraba a un costado del basurero de la ciudad, por lo que manteníamos cerrada la puerta del balcón de la recámara de mis papás para alejar el olor a comida podrida. Nuestro departamento contaba con agua corriente, algo de lo que carecía mucha gente en nuestra pequeña ciudad. Sin embargo, si queríamos bañarnos con agua caliente teníamos que calentarla en la estufa.

Tampoco éramos pobres. Desde el balcón de nuestro departamento veía a los niños pobres caminar descalzos por la calle, vendiendo con sus papás cilantro, cebollas, jitomates y aguacates, en vez de ir a la escuela.

Vivíamos en la Calle Nueva, que se llamaba así pese a que era una vía muy vieja y descuidada en medio del ajetreo de la ciudad. Diversos tráileres cubrían las calles al amanecer y docenas de hombres descargaban los camiones y acarreaban alimentos, leche y otros bienes calle arriba, rumbo al Mercado Tetitlán, el principal de la ciudad.

—¿Lista? —preguntó Cande tras darle el toque final a mi cola de caballo, a la que le agregó una cinta roja que combinaba con mi uniforme a cuadros del mismo color.

—¡No! —dije—. No quiero ir.

—Te ves muy bonita. Tu mamá te va a llevar a la escuela. ¿No te emociona? —dijo Cande en un intento por animarme.

—Pero no va a estar aquí cuando yo regrese —dije.

A partir de ese momento, cada vez que mis papás fueran a vender cantaritos a las ferias, me quedaría con Cande, Nay y Aris. Cande vivía con nosotros desde que yo tenía uso de razón, y aunque la piel morena oscura que compartíamos me hacía parecer su hija, ella no era mamá. Había otras niñeras que ayudaban en casa, pero Cande llevaba muchos años con nosotros.

Mamá y yo caminamos colina abajo hacia mi nueva escuela, pasando por las casas y tiendas que bordeaban la calle en ambos lados. Las casas están construidas una junto a la otra, compartiendo muros, y todas están pintadas de color blanco, como es la regla en Taxco.

Mientras yo caminaba encogida de hombros y con el ceño fruncido, el rostro de mamá irradiaba orgullo.

—Vas a aprender muchísimo —dijo.

Ella perteneció a ese grupo de niños de la calle, sin zapatos ni educación, y ahora me encaminaba hacia la mejor escuela de la ciudad.

Cuando llegamos a la entrada de la escuela, mamá dijo:

—Te amo, mija. Regreso el próximo lunes.

Y con esas palabras entré a La Centro y ella salió de la ciudad con papá.

Nuestra maestra, la señorita Isabel, nos dio la bienvenida y dijo:

—Cuando mencione su nombre, hagan el favor de presentarse.

Mi nombre fue el primero de la lista.

—Julissa Arce —dijo.

—Julissa "la longaniza" —gritó un niño.

—¡No me llamo así! —grité.

—Julissa "la longaniza" —gritó el niño una vez más, y todos mis nuevos compañeros rieron y se unieron al cántico. Odiaba que se refirieran a mí como una salchicha, aunque tenía que admitir que era un verso sin esfuerzo.

—¡Paren ya! —advirtió la señorita Isabel.

Eso no ayudó. Los cánticos me siguieron al patio de recreo ese día, y continuaron hasta que entré a la primaria, tres años después.

No tardé mucho tiempo en descubrir por qué La Centro era una escuela para niños ricos. Los papás de los estudiantes eran dueños de hoteles, edificios e incluso minas de plata. Para que yo pudiera asistir a esa escuela, mis papás viajaban por todo México vendiendo cantaritos, trabajando de pie de quince a dieciocho horas diarias.

Mamá nos inscribió a mis hermanas y a mí en clases de etiqueta, para que aprendiéramos a comportarnos en las elegantes fiestas de nuestros compañeros de clase. Tomábamos clases de arte, inglés, piano, baile y natación, pese a que pagar la colegiatura de la escuela ya era suficientemente complicado. Mis papás querían darnos todas las oportunidades que ellos no tuvieron, y estaban dispuestos a sacrificarlo todo para lograrlo.

Me resultaba difícil navegar entre el mundo escolar acaudalado y el mundo en el que realmente vivía. Pero los chicos que no iban a mi escuela no lo sabían y veían en mi uniforme escolar un símbolo de riqueza. Un día, cuando Cande me fue a recoger a la escuela, había un grupo de niños de la escuela pública reunidos a la entrada principal de La Centro. Sus uniformes eran distintos a los nuestros —así es como podíamos identificar quién asistía a otra escuela.

Cande y yo estábamos sentadas en una banca en el patio esperando a mis hermanas para ir a visitar a mamá Silvia. Cuando acabaron las clases, los chicos de la escuela pública empezaron a canturrear:

—¡Ahí vienen las fresas!

Vi a mis hermanas y corrí hacia ellas.

—Miren, una fresita —dijo uno de los niños.

Nay les gritó:

—¡Déjenla en paz!

—Miren, Hello Kitty se está enojando —dijeron los chicos.

Nay tenía la cara redonda y las mejillas regordetas. Cuando se enfadaba, parecía una Hello Kitty enojada.

—¡Centro Cultura y Acción es para los que sienten calentura en su calzón! —gritaban los niños sin parar.

—¿Estás bien, Nay?

—Sí, estúpidos nacos —dijo Nay, utilizando sus propios insultos.

—¡No digas eso, Nay! Así no habla una señorita —dijo Aris.

A mí ni siquiera me caían bien los chicos de mi escuela. *Ellos* eran los fresas, llamándome "longaniza" todos los días.

Yo quería gritar: "¡No somos ricos como ellos!". Pero no

dije nada, solo sostuve la mano de Nay. Así como la calle en que vivía se llamaba Calle Nueva, pese a que era cualquier cosa menos nueva, yo iba a una escuela para niños ricos y no era rica. Me sentía como un fraude que en realidad no encajaba en ningún lado.

TODOS JUNTOS

Para cuando empecé la primaria, a los seis años, mis papás habían comenzado a construir una casa al otro lado de la calle. Destinaban el dinero que recibían por la venta de cada cantarito al pago de nuestra colegiatura, de los materiales y de la mano de obra necesaria para erigir la casa soñada de mamá. Mientras tanto, continuamos viviendo en nuestro departamento de dos cuartos, donde ninguna de las recámaras tenía puertas.

Desde la ventana, mientras Cande me trenzaba el cabello cada mañana, veía erigirse la nueva casa, ladrillo por ladrillo.

—Mamá Cande, ¿cuántos cantaritos necesita vender mami para volver a casa y no irse otra vez? —le pregunté una mañana.

—No lo sé, nenita —dijo.

Luego de pasar gran parte de mis días con Cande, comencé a llamarla mamá Cande. Me volví muy apegada a ella. Las otras niñeras me habían abandonado para perseguir mejores oportunidades en Estados Unidos; Cande, por el contrario, se había quedado conmigo.

A pesar de que amaba a Cande, deseaba que mi verdadera mamá me trenzara el cabello en la sala de nuestro nuevo hogar, donde me ayudaría con mi tarea y jugaría con las muñecas que me había comprado.

Un día fui gratamente sorprendida cuando mamá me recogió en la escuela, ya que pensaba que aún se encontraba de viaje en una feria.

—¡Mami! —le dije, corriendo hacia ella.

—Vamos a ir a la feria de Ciudad Valles todos juntos —dijo mamá—. Para que pasemos tu cumpleaños en familia.

Mis papás habían decidido regresar a Taxco para llevarnos a mis hermanas y a mí al vigesimoquinto aniversario de la feria de Ciudad Valles, una de las más grandes y a la que asistían cada año.

—¿También va a venir mamá Cande? —le pregunté a mamá, rodeando su pequeña cintura con mis brazos.

—Sí. También va a venir con nosotros, pero solo se llama Cande. Tienes una sola mamá —dijo mamá, mientras desaparecía la sonrisa de su rostro.

—Pero a mamá Silvia le digo "mamá" y no es mi mamá —respondí.

Mamá dejó escapar un suspiro.

—Sí, pero mamá Silvia es tu abuela. Es tu familia.

Eso me resultó confuso, pues poco tiempo antes mamá había dicho que Cande era como de la familia. Cande había trabajado con nosotros durante muchos años y por ello debíamos tratarla como otra integrante de la familia, no como parte de la servidumbre.

Cuando llegamos a casa, Cande había preparado la cena y dijo:

—Nenita, ¿ya tienes hambre? Déjame servirte algo.

Mamá interrumpió el intercambio:

—No, yo serviré la cena para las niñas. Por favor, termina de empacar sus maletas.

Más tarde comprendí que mamá sentía que la niñera, de alguna manera, le estaba quitando su lugar. A menudo pensaba en todas las cosas que me hubiera gustado hacer con mamá. Nunca se me ocurrió que ella también deseaba poder llevarme a la escuela y prepararme el desayuno.

Al día siguiente, emprendimos el viaje de diez horas en auto a Ciudad Valles, al norte de México. Papá tenía una camioneta pick-up Ford y había instalado una casa rodante en la parte trasera del auto. Yo iba en la parte delantera con mis papás, y mis hermanas y Cande iban en la casa rodante.

En cuanto llegamos a Ciudad Valles nos pusimos a trabajar. Cada noche, las multitudes eran enormes y nuestro puesto de cantaritos tenía una fila aparentemente interminable. Todos querían probar la refrescante bebida gaseosa de naranja, lima y toronja. Mis hermanas y yo ofrecimos nuestra ayuda. Entre más cantaritos vendiéramos, más rápido se construiría la casa y más pronto mis papás podrían quedarse con nosotras.

—Yo puedo cortar las naranjas y las limas —dijo Aris.

Ella tenía edad suficiente como para manejar un cuchillo, así que mamá accedió.

Nay sacó los frascos de sus costales y los acomodó en filas para que estuvieran a la mano. Yo escarché las orillas de los cantaritos con sal y los decoré con una rodaja de naranja. Papá servía los cantaritos y mamá se encargaba del dinero.

Los días en que las multitudes eran más pequeñas, mamá me dejaba jugar a la cajera. Vendíamos cada cantarito en quince pesos. Era un número redondo y sencillo. Incluso si alguien compraba tres cantaritos y pagaba con un billete de cien pesos, era fácil calcular el cambio. Con el tiempo, comencé a memorizar cuánto cambio debía darle a un cliente con distintas combinaciones de cantaritos, y los billetes necesarios para realizar la compra.

Al final de la tercera noche, los pies y las manos me dolían —todo me dolía. Sabía que mis papás probablemente estarían mucho más cansados, ya que habían trabajado en otra feria la semana previa.

Mamá se percató de que yo estaba agotada.

—Cande, ¿por qué no te llevas a las niñas al hotel?

Casi al unísono, mis hermanas y yo exclamamos:

—¡No estamos cansadas!

Queríamos aprovechar cada segundo con nuestros papás,

sin importar cuán cansadas nos sintiéramos. Aris y Nay eran más grandes y fuertes, pero mis ojos me delataban, y ni siquiera los sonidos de la música y la multitud lograron mantenerme despierta. Desperté en el hotel. Tenía suerte de dormir en un hotel. Cuando mis papás comenzaron a trabajar en las ferias, dormían en el piso del puesto de cantaritos. En una ocasión, a mamá se le metió una cucaracha en el oído, y gritó y corrió por todos lados, sacudiendo la cabeza y agitando las manos en el aire para pedir ayuda. Papá logró tranquilizarla lo suficiente como para llevarla al hospital, donde le quitaron el desagradable insecto.

A la mañana siguiente, cuando me levanté, mamá ya estaba despierta contando el dinero del día anterior.

—¡Feliz cumpleaños, mijita! —dijo cuando notó que me había levantado.

—¡Gracias, mami! —dije—. ¿Podemos subirnos a la rueda de la fortuna hoy? —pregunté.

Mamá miró el fajo de efectivo que se encontraba sobre la mesa y dijo:

—Sí, creo que podemos hacer eso antes de que empiece a llegar la multitud.

Desayunamos huevos rancheros en el hotel, nos subimos a la rueda de la fortuna y comimos pastel de chocolate en el puesto de cantaritos. Soplé las seis velitas y luego regresamos al trabajo.

Coloqué un frasco para las propinas en el puesto, y cada vez que los clientes se acercaban yo les decía:

—¡Hoy es mi cumpleaños!

Y ellos decían:

—¡Feliz cumpleaños! —y entonces echaban un par de pesos en mi frasco.

Al final del día, tenía más de cien pesos en propinas de cumpleaños.

—Más te vale compartir. Todos hicimos una parte del trabajo —dijo Nay.

—Pero es mi cumpleaños —me quejé.

—Puedes quedarte con mi parte —dijo Aris.

Mis papás estaban de muy buen ánimo cuando finalizó la feria, probablemente debido a que habíamos vendido muchos cantaritos.

Por primera vez en años estábamos todos en el mismo lugar. Nuestras vacaciones familiares solían ser así. Trabajábamos, pero estábamos juntos y eso era lo único que importaba.

EL OTRO LADO

NUESTRA COCINA OLÍA A BILLETES. Cuando regresamos a Taxco, mamá se sentó en nuestra pequeña mesa de la cocina a contar todo el dinero que había ganado durante la feria. Tras contar cierto número de billetes, se chupaba el dedo pulgar y continuaba, separando el dinero en distintos montones.

—¿Para qué son los distintos montoncitos? —pregunté.

—Este es para tu colegiatura —dijo, señalando un montón de tamaño mediano—. Ese es para la casa —continuó, apuntando hacia el montón más grande—, y ese es para pagarle a toda la gente que trabajó con nosotros en la feria, y para los materiales.

En un santiamén, todas nuestras ganancias de la feria se esfumarían.

—Tú nos ayudaste a ganar este dinero, mija. Y cuando terminemos la casa, podrás sentirte orgullosa de que ayudaste a construirla.

Observé por el balcón de nuestra cocina el cascarón de la nueva casa, al otro lado de la calle, preguntándome una vez más cuántos cantaritos adicionales tendríamos que vender para terminarla. Mamá había estado pensando en lo mismo, y algunas semanas después de la feria de Ciudad Valles hizo un anuncio durante la cena.

—¡Viajaremos a Estados Unidos para nuestra siguiente feria! —dijo entusiasmada.

Esta vez mis papás no venderían cantaritos, sino plata de Taxco, algo que mamá consideraba un avance. Mi pequeña ciudad natal en México era conocida a nivel mundial por su hermosa joyería de plata, y mamá llevaba meses trabajando para que le aprobaran el papeleo necesario para comercializarla en Estados Unidos.

Mi mente se llenó de las imágenes de todas aquellas niñeras que había perdido porque se fueron a Estados Unidos. El otro lado se llevaba gente y nunca la regresaba. En una ocasión escuché a mamá contarle a papá sobre una de mis antiguas niñeras: "Gertrudis nunca llegó a California; su mamá tiene miedo de que haya muerto cuando intentaba cruzar".

La gente moría al intentar cruzar la frontera en busca de una vida mejor. Muchos de los que lograban cruzar de forma segura nunca volvían a México, ya fuera porque regresar a

Estados Unidos era peligroso o porque ganaban mucho más dinero en Estados Unidos del que podían percibir en México.

Casi todas mis ideas sobre Estados Unidos provenían de la caricatura *Daniel el travieso*. Daniel vivía con sus papás en un vecindario limpio y ordenado, donde todas las casas se veían prácticamente iguales, con cercas blancas y jardines bonitos. En un episodio, la casa del vecino gruñón se iba rodando. ¡Las casas en Estados Unidos tenían ruedas! En Taxco, las casas eran de cualquier forma o tamaño, y estaban dispuestas sin un orden en particular. De hecho, desde la sinuosa carretera que conduce a Taxco las casas se ven como pequeñas cajas apiladas una encima de la otra.

—¿Van a regresar? —pregunté con nerviosismo.

—No te preocupes, mija —respondió mamá mientras me levantaba la barbilla con la mano.

Esa no era la respuesta que quería escuchar. ¿Y si el otro lado también se llevaba a mis papás para siempre?

Papá parecía estar muy emocionado por su viaje al norte.

—Cuando era pequeño, viajé a la Ciudad de México tan solo para ver los aviones. Había un puente peatonal cerca del aeropuerto y yo solía pararme ahí a observar cómo sobrevolaban mi cabeza. Nunca creí que podría volar *dentro* de uno de ellos. Y ahora tu mamá y yo tomaremos un avión rumbo a Estados Unidos —dijo.

Nay y Aris también estaban emocionadas por el viaje.

—¿Podremos acompañarlos? —preguntó Nay.

Sin embargo, no podíamos ir con ellos. No teníamos la documentación requerida para cruzar la frontera. Papá también dejó muy claro que no se trataba de unas vacaciones. Ellos trabajarían durante toda su estancia allá.

—Mami, ¿me podrías traer un Walkman? —preguntó Aris.

Los artículos electrónicos como los reproductores de música portátil eran muy caros y difíciles de conseguir en nuestro pequeño pueblo, pero en Estados Unidos todo parecía ser fácil de conseguir.

Yo aún tenía millones de preguntas, pero temía no recibir las respuestas que deseaba, así que guardé silencio.

A la semana siguiente, mis papás viajaron por primera vez a Estados Unidos.

—¿Volverán dentro de cuántos días? —pregunté antes de que mamá se marchara.

—Diez días —dijo ella.

Una semana y media no parecía tan grave. Habían pasado más días fuera cuando asistían a ferias en el norte de México. Durante los siguientes diez días fui a la escuela, cené en casa de mi abuela y me peleé con Nay —mi rutina cotidiana.

El décimo día esperé la llegada de mis papás en el pequeño balcón de nuestra cocina, que daba a la Calle Nueva. Estaba lloviendo y los techos húmedos color terracota sobre las casas blancas de Taxco hacían que el pueblo entero oliera a cantaritos.

Anocheció y mis papás no llegaron. "¿Qué pasa si el

otro lado se queda con mis papás para siempre?", pensé preocupada.

Finalmente, Aris telefoneó a mamá Silvia.

—Mis papás aún no han regresado y no hemos sabido nada de ellos. ¿Tú sabes algo? —preguntó Aris.

Vi palidecer el rostro delgado de Aris mientras dijo:

—Okey, pero, ¿cuándo? ¿Están bien?

Cuando Aris colgó el teléfono, nos dijo a Nay y a mí que mamá había llamado a mamá Silvia algunas horas antes y que, en medio del caos, mi abuela había olvidado avisarnos. Ella llevaba horas hablando con abogados y agentes migratorios de México para lograr que mamá regresara a casa. Su principal prioridad, dijo, era cerciorarse de que mamá estuviera segura.

"¿Mamá se encontraba en peligro?".

Aris intentó explicar lo que mi abuela le había dicho. Nay y yo la escuchábamos con atención, sentadas sobre la cama de nuestros papás.

—¿Ven que mamá estaba muy emocionada por vender plata en Estados Unidos? Bueno, pues se llevó demasiada mercancía a San Antonio. No vendieron lo suficiente y entonces se quedaron con mucha plata sobrante.

En aquel entonces, todo eso me resultaba sumamente confuso. Mis papás habían pagado impuestos para llevar joyería de plata mexicana a Estados Unidos, y si querían regresar a México los artículos sin vender, tenían que volver a pagar impuestos. Fue mientras documentaban sus maletas en el aeropuerto que se enteraron. Pagar cuotas adicionales era algo que mis papás no podían darse el lujo de hacer. Habían destinado una buena parte de sus ahorros a comprar la joyería con la esperanza de obtener grandes ganancias de su inversión.

—Entonces, ¿cuándo volverán? —le pregunté a Aris.

—No saben. Tal vez tengan que quedarse hasta vender más joyas —explicó.

Yo llevé la cuenta de cada día que transcurrió. No saber cuándo volverían mis papás hacía que la cabeza me diera vueltas. Cada día que mis papás pasaban en Estados Unidos parecía una eternidad.

—¿Van a regresar hoy? —le preguntaba todos los días a Aris.

—Hoy no, pero pronto estarán aquí —me decía.

Pasaron dos semanas y me di cuenta de que ella también comenzaba a preocuparse. Ella era la mayor y, por ende, había recibido la información de primera mano, sin endulzar.

Fue la primera vez en mi vida en que recuerdo haber rezado. Me arrodillé junto a la cama antes de acostarme, junté las manos y dije:

—Virgen de Guadalupe, por favor, devuélveme a mis papás.

REUNIONES CONSECUTIVAS

—Te tengo una sorpresa —dijo Cande al recogerme de la escuela—. ¡Tu papi y tu mami están de vuelta!

Corrí lo más rápido que pude, rebasando a Cande. Cuando llegué a la cima de las escaleras que conducían a nuestra casa, sentí que me faltaba el aire, pero grité:

—¡Mami! ¡Papi! Por favor, nunca vuelvan a dejarme.

Mis papás llevaban un mes fuera de casa.

Estaban sentados en la mesa de la cocina y ambos se levantaron de sus sillas para abrazarme. Mamá me alzó la barbilla y me limpió las lágrimas del rostro.

—No llores, mija. Por el momento, aquí estamos.

Sentí alivio al ver que Estados Unidos me había devuelto a mis papás, pero la frase "por el momento" insinuó que me abandonarían otra vez.

—Ven, mija. Te traje unos regalos —dijo mamá.

Caminamos a través del angosto pasillo que conducía a la habitación de mi hermana, y sobre el piso se encontraba una enorme maleta desparramada con ropa, muñecas, zapatos y todas las cosas bellas que Estados Unidos tenía para ofrecer. Incluso vislumbré el Walkman que Aris había pedido.

Cande me ayudó a probarme cada blusa, vestido y par de zapatos que mamá me había traído. Cuando terminé de probarme todo, Cande lo acomodó en mi clóset, que en realidad era una cuerda que iba de un extremo al otro en el cuarto de mis papás.

Mis papás estuvieron en casa durante más de un mes, pero apenas pasé tiempo con ellos. Estaban muy ocupados haciendo planes para su nuevo negocio en Estados Unidos. Ahora que mamá había conseguido participar en diversas ferias comerciales, necesitaba una selección de joyería más amplia para vender.

Todos los artesanos plateros de Taxco fueron a verla, con la esperanza de vender su joyería en lugares exclusivos y elegantes como Nueva York. Mamá lanzó varios anuncios en la radio: "La señora Luisa Avilés verá nueva joyería este miércoles de 12:00 a 2:00 p.m. Todos los interesados deberán traer muestras a la siguiente dirección...".

En nuestro departamento reinaba el caos; nuestra cocina fungía como la oficina de mamá. Las juntas siempre duraban mucho más de dos horas. Una escalera de color rojo con una barandilla de metal negro conducía hacia nuestro departamento, y los días en que se llevaban a cabo las reuniones la angosta escalera se abarrotaba de hombres y mujeres que competían por el tiempo y el dinero de mamá.

Decidí que mi primera tarea sería organizar a los vendedores de joyas. No paraba de escuchar los gritos de "¡Yo soy el siguiente!" y "¡No, yo estaba aquí primero!", seguidos de "¡Tuve que ir al baño!".

Salí al pequeño patio delante de la escalera hacia nuestra puerta principal, y anuncié:

—Orden, por favor. ¡Dejen de gritar o no habrá más reuniones en el día de hoy!

Aunque solo tenía seis años, mi voz parecía la de alguien mucho mayor.

Saqué uno de mis cuadernos escolares de la mochila y escribí los números uno, dos, tres, cuatro, etcétera, en una hoja de papel. Dibujé una línea junto a cada número y luego escribí los mismos números al final de la línea, para recortarlos. Me abrí camino entre la gente, escribiendo sus nombres y dándole a cada persona un número. De esta manera, no tenían que formarse en un orden específico. Si les daba hambre y tenían que abandonar la fila, su lugar estaba a salvo.

Cuando mamá salió al patio, preguntó:

—¿Qué sucede?

Entonces yo le expliqué mi nuevo sistema, y ella respondió:

—Eso fue muy inteligente de tu parte, mija.

—También puedo ayudarte con esto en Estados Unidos —dije.

Mamá sonrió, me acarició la cabeza y regresó a la casa. A partir de ese momento, si alguien deseaba ver a mamá, primero tenían que pasar por mí.

A lo largo de los siguientes meses, mis papás realizaron muchos viajes entre Estados Unidos y Taxco para comprar más plata. Cada vez que regresaban, mamá se veía diferente, más alta y más segura de sí misma.

—Déjame contarte sobre los centros comerciales —dijo en uno de sus viajes de regreso a México—. Los *malls* son algo fuera de este mundo. Tienen todas las tiendas imaginables. Ni siquiera tienes que salir a la calle para entrar a la siguiente tienda. También les vendemos nuestra joyería a algunos de los propietarios de las tiendas en los centros comerciales. Estados Unidos es un lugar maravilloso.

—¿Qué tienen de malo nuestras tiendas? Yo amo Taxco. Estados Unidos no le pide nada a Taxco —dije en defensa de mi ciudad natal.

—No te pongas brava —dijo papá.

Pero no pude evitar sentirme molesta. Mis papás estaban cambiando. Cada vez que regresaban a México era como si un pedacito de ellos se hubiera quedado en Estados Unidos. No me gustaba ver cuánto amaban un lugar en donde no vivíamos mis hermanas y yo.

—¿Que no te gustan la ropa y los juguetes que te traemos? —preguntó mamá.

En Taxco teníamos pocas tiendas. Sin embargo, desde que mamá había empezado a viajar a Estados Unidos, toda mi ropa y todos mis juguetes provenían de allá: vestidos, shorts blancos, muñecas rubias, zapatos brillantes y un reloj que no servía para consultar la hora, pero almacenaba brillo para labios, con olor a fresa.

Después agregó:

—Mija, hasta el tocino sabe mejor en Estados Unidos.

¿Tocino? ¿Mamá *comía* tocino? No había comido carne roja en más de diez años. Y ahora que vivía en Estados Unidos, ¡comía cerdo!

—Sigo sin comer carne, pero de vez en cuando acompaño mis huevos con tocino —agregó.

¡Qué asco! Yo prefería unos huevos a la mexicana, con jitomates, cebollas y chiles jalapeños, como los colores de la bandera de México.

Sentada con las piernas cruzadas sobre mi cama, le dije a mamá:

—Creo que no me gustaría vivir en Estados Unidos… ¿Siquiera tienen tortillas?

Ella se rio.

—San Antonio tiene incluso más restaurantes mexicanos que Taxco.

Estados Unidos estaba cambiando la forma de vestir, e incluso de comer, de mamá. ¿Qué más habría de cambiar? Me empezó a preocupar el hecho de que tal vez mis papás comenzaran a amar Estados Unidos más de lo que me amaban a mí.

CANDE

Un día, Cande y yo estábamos sentadas en la mesa de la cocina cuando me dijo que tenía algo importante que decirme y no quería que me pusiera triste.

—Nenita, me voy a casar.

—¡Yupi! —dije, saltando de mi silla para darle un abrazo.

—Nena, tendré que irme a vivir con mi esposo a Iguala.

Iguala era un pueblo más grande, a unos treinta minutos al sur de Taxco. Estaba en un valle, lo que hacía que el calor fuera insoportable durante el día. Tenía un cine y una tienda de mascotas, algo que en aquel entonces no existía en Taxco. Pero no era tan bonito. No tenía hermosas calles empedradas, ni casas con techos color terracota.

—¿Y eso cómo va a funcionar, si tú vives aquí? —dije, aún sin entender.

—Todavía nos queda un mes juntas. Te prometo que vendré a visitarte —dijo Cande.

Sentí que el techo de concreto rosa de la cocina se derrumbaba sobre mi pecho. A pesar del ruido proveniente de la bulliciosa calle de abajo, en la casa reinaba el silencio. Mis hermanas aún no regresaban de la escuela. Mis papás estaban fuera, haciendo las compras en el mercado.

Me levanté de la mesa sin decir nada y me fui a la cama. Lloré en silencio hasta quedarme dormida.

Cuando mamá llegó a casa, me despertó.

—¿Estás bien, mija? —dijo.

—Dile a Cande que no me puede abandonar —dije.

—No te preocupes, mija. Ya te conseguimos a una nueva cuidadora. La conocerás la próxima semana.

—No seas tan dramática —dijo Nay cuando llegó a casa esa noche—. Ella no es tu mamá.

A Nay no parecía importarle que mis papás viajaran ni que Cande nos dejara. Nunca la vi llorar cuando mis papás se iban ni cuando tardaban meses en regresar. Ella iba a la escuela, hacía su tarea, asistía a sus actividades extraescolares, jugaba con sus amigos y se iba a la cama feliz. Cada noche, cuando hablábamos con nuestros papás, yo siempre decía:

—Los extraño mucho.

Pero Nay solo decía:

—Buenas noches.

Yo deseaba ser tan fuerte como ella.

A Aris tampoco le importaba. Ella era adolescente y estaba

demasiado emocionada con su próxima fiesta de quince años como para molestarse por algo más. Ellas no entendían. Nay y Aris se tenían la una a la otra, pero yo solo tenía a Cande. Cuando ninguna de las dos tenía tiempo para mí, Cande era quien jugaba conmigo y mis muñecas Barbie. Cande únicamente había cursado un par de años de primaria, pero aun así intentaba ayudarme con mi tarea.

A la mañana siguiente, Cande me despertó.

—Vamos a prepararnos para la escuela —dijo.

No hablé mucho con ella, ni le tomé la mano de camino a la escuela. Traté de negarle todo mi afecto, como si construyera un muro alrededor de mi corazón para aligerar el golpe.

La semana siguiente conocí a la nueva niñera. Trabajaría con Cande durante un mes y, cuando Cande se fuera, se iría a vivir con nosotros a tiempo completo. Su nombre era María y se veía muy joven, como de la edad de Aris. Ella no me agradaba.

—Mija, ven a despedirte —dijo mamá en el último día de trabajo de Cande.

Caminé a la cocina y vi a Cande parada en la puerta de entrada, vistiendo una falda y una blusa que mamá le había traído de Estados Unidos. La ropa la hacía ver como toda una señora, a pesar de haber empacado sus pertenencias en una gran caja de cartón que estaba atada con un hilo que servía de asa.

Cande se puso de rodillas para estar a mi altura.

—Nenita, te voy a extrañar mucho. Recuerda lo mucho que te quiero.

Me besó la frente.

La abracé y dije:

—No olvides venir a visitarme.

Cande me visitó varias veces, pero en cuanto hizo su propia familia las visitas cesaron. Mis papás entraban y salían de mi vida cada pocas semanas, pero Cande había sido una figura constante, me había visto crecer desde que era bebé. Perderla fue una de las experiencias más difíciles de mi vida, y la extrañé durante muchos años.

TACOS AL PASTOR

Un día, cuando tenía siete años y mis papás acababan de regresar de Estados Unidos, papá y yo condujimos hacia Landa, un pequeño pueblo a tan solo quince minutos de Taxco. Sin embargo, aunque estaba realmente cerca, parecía un mundo completamente distinto. Landa está en la zona montañosa de Guerrero, donde el viento es más frío y abundan árboles muy altos y verdes. En invierno solíamos recoger las piñas de sus árboles de pino, que enmarcan las carreteras, para pintarlas y usarlas como adornos navideños.

Además de la nueva casa que mis papás construían en la Calle Nueva, papá compró un terreno en Landa. Mamá quería una casa grande en la ciudad, pero papá quería una casa modesta en medio de la naturaleza. El terreno era un enorme espacio plano rodeado de montañas.

—Nuestro terreno abarca hasta donde llega tu mirada —dijo papá, señalando la base de la montaña que se divisaba en la distancia.

El sol le pegaba en el rostro mientras miraba a su alrededor, así que entrecerró los ojos arqueando sus cejas pobladas. Recorrimos el terreno y me mostró el sitio en que se construiría la casa.

—Aquí es donde estará la casa, entre los árboles —dijo.

Imaginamos dónde irían la cocina, la sala de estar y las recámaras.

—Yo quiero que mi cuarto esté aquí —dije, parada dentro de nuestra casa imaginaria.

—¿Por qué ahí? —preguntó papá.

—Porque está cerca de tu habitación, y quiero estar cerca de ustedes.

Papá me abrazó y me besó en la frente, luego me dijo que tenía otra sorpresa.

Abrió la cajuela de su camioneta pick-up Ford y retiró una cobija que se hallaba encima de una bicicleta.

—¡Guau! ¡Eso es para mí! —dije.

Cuando era muy pequeña, tenía un triciclo color rosa, que conducía dentro de la casa de mamá Silvia. Sin embargo, andar en bicicleta en las colinas de Taxco estaba fuera de mis posibilidades. Landa tenía muchas áreas planas para aprender. Me caí más veces de las que recuerdo, pero ese mismo día logré andar en bicicleta gracias a papá.

—Seguro tienes mucha hambre —dijo papá mientras colocaba mi nueva bicicleta en la parte trasera de la camioneta.

—¡Sí! ¿Podemos comer tacos al pastor? —pregunté.

—¿Tacos al pastor? —inquirió, casi riendo—. Tacos al pastor —repitió con incredulidad.

Mis hermanas y yo teníamos prohibido comer carne de cerdo o res, porque mamá aseguraba que no era saludable. Sin embargo, desde que mis papás viajaban a Estados Unidos comíamos carne en su ausencia.

—Sí. Mamá ahora come tocino, así que, ¿por qué no podemos comer tacos al pastor? —pregunté.

—Eso me parece justo. Súbete a la camioneta y te llevaré.

Me dirigí hacia el asiento del copiloto, me sacudí el polvo de las piernas y me subí a la camioneta. Papá me llevó a su changarro favorito y me enseñó cómo se come un taco de verdad.

—Tienes que ponerle salsa a la carne antes de agregarle limón —dijo, mientras le exprimía unas cuantas gotas de limón al taco—. De esta forma, todos los sabores se mezclan. Luego enrollas el taco con firmeza. Finalmente inclinas la cabeza hacia un lado y te llevas el taco a la boca.

Comencé a salivar. Me encantaba ver comer a papá, disfrutaba mucho su comida. Estaba feliz de poder pasar todo el día con él. Intenté no pensar en que se iría al otro lado dentro de pocos días.

Cuando llegamos a casa, mamá me preguntó si tenía hambre.

—No, gracias. Ya comimos —dije, guiñándole un ojo a papá.

—La llevé a comer tacos al pastor —dijo papá.

Abrí los ojos como platos. No podía creer que le hubiera contado eso a mamá.

—¿Que hiciste qué? —gritó mamá, acercándose a mí para revisarme los brazos y las piernas. Buscaba indicios de intoxicación por alimentos. La primera vez que Aris y Nay comieron carne de cerdo, les salieron pequeñas ronchas rojas por todo el cuerpo, como si tuvieran varicela. Aris tenía una cicatriz en la sien izquierda de tanto rascarse, aunque le dijo a mamá que se la había hecho por caerse en la calle. Mamá estaba furiosa, quería saber por qué la había desobedecido.

—¡Tú puedes comer tocino! —exclamé—. ¡No es la primera vez que como tacos al pastor, y no me voy a enfermar! Tú nunca estás aquí y ya no puedes decirme qué hacer.

Papá ahogó un grito y mamá se petrificó.

Las niñeras que rotaban en nuestra casa nunca lograron que mis hermanas y yo nos comportáramos. A menudo eran chicas jóvenes no mucho mayores que Aris. Siempre había querido complacer a mamá, pero ahora crecía sin ella, y cuando estaba en casa nos consentía con regalos. Por primera vez intentaba disciplinarme.

Nuestras tías y tíos trataban de cuidarnos. Si jugaba en la calle de noche, la tía Rosi me decía:

—¿Qué haces aquí tan tarde? Vete a tu casa.

Si el tío Alex me veía por la tarde, me preguntaba:

—¿Ya hiciste tu tarea?

Una vez me metí en problemas con mamá Silvia porque me escuchó decir una grosería que había aprendido en la escuela. Pero en realidad mis hermanas y yo éramos prácticamente responsables las unas de las otras.

—Ve a casa de mamá Silvia, tus hermanas están ahí bebiendo chocolate caliente —dijo mamá, decepcionada.

Quería pasar el resto de la noche con mis papás. Cada minuto que pasaban en casa quería estar con ellos, aunque mamá me gritara. De camino a casa de mamá Silvia, intenté recordar la última vez que había probado algo cocinado por mamá, pero no me acordaba. Ni siquiera recordaba la última vez que mis papás estuvieron más de una semana en casa. Por la emoción de pasar la tarde con papá, no me detuve a pensar en que el hecho de que compraran otro terreno significaba que tendrían que pasar más tiempo lejos de nosotras.

¡ESTADOS UNIDOS!

—Aris, Nay y tú vendrán a pasar el verano con nosotros —dijo mamá por teléfono.

Mis papás llevaban cuatro años viajando a Estados Unidos y, por primera vez, nosotras también haríamos el viaje.

—¿Voy a ir a San Antonio con ustedes? —pregunté incrédula.

Mis hermanas se acercaron e intentaron arrebatarme el teléfono.

—Mami, ¿vamos a ir a Texas? —Nay trató de gritar por encima de mí.

Estaba tan emocionada que me puse a brincar en la cama. No pude conciliar el sueño en toda la noche solo de pensar en pasar todo el verano con mis papás.

Un mes antes de que mamá anunciara nuestro viaje a Estados Unidos se había perdido el festival escolar del Día de las Madres. Había pasado meses cosiéndole un mantel individual para regalarle. Me senté en la esquina de una mesa larga durante el almuerzo, observando a cada uno de mis compañeros darles regalos a sus mamás. Yo ansiaba que el día terminara para poder irme a casa y arrojar el mantelito a la basura. Guardé el mantel en la nueva mochila de Barbie que mamá me había comprado durante su último viaje. Cuando me preparaba para irme, Lupe, una de mis compañeras, gritó:

—¡Ahí va la pequeña huérfana!

Cuando Nay llegó de la escuela, unas horas más tarde, yo estaba recostada sobre mi cama, viendo la televisión y haciendo la tarea.

—Nay, ¿somos huérfanas? En la escuela, Lupe dijo que yo era huérfana —le pregunté mientras cerraba mi libro.

—Claro que no. Tenemos papás, y tías y tíos que nos aman. Tenemos a mamá Silvia y nos tenemos las unas a las otras —dijo, y luego me abrazó con fuerza.

Al día siguiente de que mamá nos dijera que viajaríamos con ella, yo les informé a todas las chicas groseras de la escuela:

—¡Este verano iré a visitar a mis papás a Estados Unidos!

¡No podía creerlo! ¡Iba a viajar a Estados Unidos!

Las chicas de la escuela tampoco me creyeron.

—Se volvió loca —las escuché murmurar.

Pero no me había vuelto loca.

—Solo están celosas —dijo Nay cuando le conté lo sucedido.

Yo no era huérfana, y muy pronto tendría la oportunidad de conocer Estados Unidos con mis hermanas.

En su siguiente viaje a Taxco, mis papás nos llevaron a la Ciudad de México para sacar el pasaporte y la visa de turista. Para viajar a Estados Unidos en calidad de turistas, mis papás debían demostrar que tenían suficiente dinero y propiedades en México. No era fácil ser turista en Estados Unidos, pero gracias a que en ese momento mis papás se encontraban en una buena situación económica no tuvimos dificultades para tramitar y recibir nuestra documentación rápidamente.

Mi corazón infantil, de niña de ocho años, no podía esperar. Quería transportarme de México a Estados Unidos en cuestión de segundos. En cambio, condujimos durante 24 horas de Taxco a Laredo, Texas, en la caravana que estaba anclada a la camioneta pick-up Ford de papá.

Llegamos a Laredo al atardecer, y tuvimos que unirnos a la larga fila de gente que esperaba para cruzar hacia Estados Unidos. Debido a que éramos turistas y no ciudadanos estadounidenses, no podíamos simplemente conducir a través del puente que separa ambos países sin antes ser interrogados. Pese a que habíamos sido minuciosamente investigados antes de recibir nuestras visas, aún teníamos que ser inspeccionados cada vez que quisiéramos entrar a Estados Unidos.

Nuestra caravana fue revisada por agentes migratorios y sus perros. Mamá había guardado todos nuestros pasaportes en una bolsa de plástico y nos pidió que nos comportáramos lo mejor posible. Estuvimos formados durante más de una hora.

—En comparación con las veces en que traemos joyería de plata, esto no es nada. A veces tenemos que esperar entre tres y cuatro horas —dijo mamá.

Fue mi primer vistazo a la travesía que emprendían mis papás cada pocas semanas para cubrir nuestras necesidades en casa. Cuando por fin llegó nuestro turno, mis papás se acercaron al agente de migración, que estaba sentado en un banco detrás de un escritorio elevado. Mamá le entregó la bolsa de plástico que contenía nuestros pasaportes y él hizo un ademán con la mano para que la abriera y le diera los pasaportes. Papá estaba parado junto a mamá y le sujetaba la mano a Nay. Aris, Nay y yo sonreíamos, y estábamos muy emocionadas por nuestra visita, pero los rostros de los oficiales se veían impávidos, incapaces de ofrecer una sonrisa.

—¿Qué los trae a Laredo? —preguntó el oficial en un gracioso acento español mientras abría nuestros pasaportes.

—Estamos de visita —respondió mamá.

El oficial nos bombardeó con una serie de preguntas:

—¿Cuánto tiempo piensan quedarse? ¿Dónde se alojarán? ¿Vienen a vivir aquí? ¿Traen frutas o verduras con ustedes? ¿Drogas? ¿Estas son sus hijas?

Mamá hizo su mejor esfuerzo por soportar el interrogatorio, pero con cada pregunta la vi desinflarse como un globo. Para cuando el oficial terminó de hacer sus preguntas, me sudaban las palmas y sentía que un tambor latía dentro de mi pecho. No habíamos hecho nada malo, veníamos de vacaciones a Estados Unidos, pero el agente migratorio nos recibió con frialdad antes de siquiera pisar territorio estadounidense.

Después de pasar la aduana y de que nos sellaran nuestros pasaportes, regresamos a la caravana y fuimos a McDonald's para comprar cajitas felices. Para nosotros, comer en McDonald's era todo un lujo. El McDonald's más cercano a Taxco se encontraba en la Ciudad de México, a tres horas de distancia. Me fascinó la cajita en forma de casa y no quería deshacerme de ella. Y no podía creer que una comida incluyera un juguete. Las papas a la francesa me parecían una verdadera delicia, pero los McNuggets de pollo eran chiclosos y no podía creer que fueran pequeños y ovalados. Yo esperaba comerme un muslo o una pierna.

Al terminar de comer, reanudamos nuestro viaje hacia San Antonio, desde Laredo, por una carretera recta. Solo faltaba pasar por un punto de control que se encontraba a unos 96 kilómetros de la frontera. Era una rutina similar a la anterior, con más preguntas y perros y oficiales inspeccionándonos. El oficial de migración nos pidió que descendiéramos del vehículo y nos formó en una fila. Sujeté la mano de mamá con fuerza. Se me hizo un nudo en la garganta, y pensé que si tuviera que abrir la boca para hablar no saldría palabra alguna. El agente tomó nuestros pasaportes y caminó a lo largo de la fila, observándonos uno por uno y examinando cada uno de nuestros pasaportes. Yo no comprendía la hostilidad de los oficiales. Solo queríamos visitar Estados Unidos y, sin embargo, les resultábamos sumamente sospechosos. Cuando el agente terminó de hacer sus preguntas, me sentí aliviada de poder por fin continuar nuestro camino hacia San Antonio.

Salimos de la autopista I-410 en una calle llamada Broadway, y condujimos durante un par de minutos hasta que llegamos a una reja. Detrás de la reja había filas de edificios habitacionales idénticos y perfectamente uniformados, con balcones grises.

Papá estacionó la caravana y nos dirigimos hacia el departamento. La puerta gris tenía un letrero que decía N202. Papá sacó sus llaves y abrió la puerta. Subí las escaleras alfombradas y comencé a explorar el lugar donde vivían mis papás.

Durante todos los años en que mis papás habían estado viajando entre México y Estados Unidos, siempre imaginé que vivían en un departamento similar al que teníamos en Taxco. Pero ese lugar no se parecía en nada a nuestro hogar. El departamento tenía una cocina grande que daba a un balcón gris, y había una mesa de comedor con superficie de vidrio y sillas color cobre.

Me dirigí a las recámaras.

—¡Mira, Nay! ¡Los cuartos tienen puertas! —dije.

Se distinguían dos recámaras, separadas por un pasillo, y cada cuarto tenía una puerta blanca.

—Pido el cuarto del fondo —dijo ella.

Aris abrió la puerta que daba al balcón.

—Es como si los aviones se fueran a estrellar contra nosotros.

Mis papás vivían cerca del aeropuerto, y más o menos cada treinta minutos un avión sobrevolaba su departamento.

—¿Te gusta, mija? —preguntó mamá cuando regresé a la sala.

—Sí. Es muy grande —dije—. Los excusados son como los de mamá Silvia: se jalan con la pequeña manija.

—Y las regaderas también tienen agua caliente —dijo papá.

—Solo les falta un sillón —dijo Aris.

La habitación que debía ser la sala de estar, albergaba mesas cubiertas de joyería, materiales para empacar y las maletas azules que mis papás utilizaban para transportar la joyería de plata a las ferias comerciales.

Pasamos una semana en San Antonio antes de emprender un viaje por carretera alrededor de Estados Unidos. Todo era más grande en Texas. Las calles eran amplias y rectas, a diferencia de las callecitas serpenteantes de Taxco. Comimos tacos con tortillas del tamaño de mi cabeza. Me asombraron los maravillosos parques temáticos de Sea World y Six Flags Fiesta Texas en San Antonio.

Las otras paradas coincidieron con ferias comerciales donde mamá vendía joyería de plata de Taxco. Visitamos la casa de Elvis Presley, el rey del rock 'n' roll estadounidense, en Memphis, Tennessee. Luego nos dirigimos a Nueva Orleans, donde descubrí que mamá tenía razón acerca de los centros comerciales. Parecían de otro planeta. Fuimos a uno gigantesco que tenía techos de vidrio y árboles en el interior.

Papá nos paseaba casi todos los días mientras que mamá trabajaba vendiendo plata en las ferias comerciales. Deseaba que mamá pasara más tiempo con nosotros: si ella no podía ser turista, entonces yo quería ser su ayudante.

Salimos de Nueva Orleans hacia nuestra última parada, en Houston, Texas, donde le pregunté a mamá si podía acompañarla a la feria comercial al día siguiente.

—Pero tu papá las va a llevar al zoológico mañana —dijo.

—Está bien. Fui al zoológico en Taxco. No me importa si me pierdo esta visita —respondí.

La última vez que había ido al zoológico me había recargado en una jaula y un mono se había abalanzado sobre mí y me había jalado el cabello a través de los barrotes. Nay y Aris intentaron liberarme, pero al final tuvieron que cortarme un pedazo de cabello porque el mono nunca lo soltó, así que mamá aceptó que la acompañara, aunque me advirtió que habría que trabajar duro.

La feria comercial se iba a llevar a cabo en el centro de convenciones de Houston. Había hileras de puestos, con comerciantes que vendían desde ropa hasta lentes oscuros y joyería.

El local de mamá estaba en una esquina. Teníamos mesas cubiertas de joyería de plata. Una mesa exhibía aretes, otra, anillos y otra, pulseras. Mamá tenía a un par de personas trabajando con ella, Sam y Beverly. A Sam lo había conocido en San Antonio, durante su primer viaje a Estados Unidos. Se estaba quedando calvo y usaba anteojos que hacían que sus ojos se vieran enormes. Beverly era una rubia muy bonita. Era maestra y había viajado con mamá durante las ferias comerciales del verano. Después de esa feria no la volví a ver.

Apenas dábamos abasto; había cientos de personas en la feria y todos amaban nuestra joyería. Mi tarea era empacar la joyería después de que los clientes le hubieran pagado a mamá.

—A tus clientes les encantará esto —decía mamá en su rudimentario inglés.

Me impresionaba cómo a mamá no le importaba que su inglés fuera imperfecto. No temía ser juzgada, y no era tímida. En realidad, brillaba. Era una gran vendedora.

Trabajé lo más rápido que pude, y traté de ser útil imitando a mamá. Si veía que alguien se probaba un collar mientras decidía si debía comprarlo para su tienda, yo le decía:

—¡Qué hermoso! ¿Quieres un espejo?

En realidad no sabía lo que decía, pero a los clientes les encantaba escuchar lo bien que se veían.

Quería que mamá se diera cuenta de que podía serle de gran ayuda acompañándola a las ferias comerciales, como cuando era pequeña. Quería demostrarle que no necesitaba enviarme de regreso a México cuando terminara el verano.

Sin embargo, para la hora del almuerzo me sentía exhausta. Mamá improvisó un colchón con las sábanas que utilizábamos para cubrir las mesas en la noche, de modo que pudiera tomar una siesta debajo de una mesa. Desde ahí podía ver los pies de los clientes, que se asomaban por debajo de las sábanas. A pesar del ruido, me quedé dormida sabiendo que mamá estaba ahí. No había pasado tanto tiempo con mis papás desde que tenía tres años. No quería que el verano terminara.

Días después, condujimos de regreso a México desde San Antonio. Cruzar la frontera de regreso fue una experiencia completamente distinta. No había que esperar mucho tiempo en las filas de "Ciudadanos mexicanos", y el agente migratorio de México nos saludó con una sonrisa y un "¡Bienvenidos!". Aunque sabía que mis papás volverían a Estados Unidos, México era mi hogar.

Mis papás se quedaron en Taxco durante algunas semanas para vernos iniciar el nuevo año escolar. El día que entré a cuarto de primaria, mamá me llevó a la escuela y me recogió a la salida. Luego, mis papás partieron una vez más hacia

Estados Unidos. Era difícil despedirme de ellos una vez más, pero al menos ahora sabía dónde vivían y trabajaban. Ahora, cuando me imaginaba su vida en Estados Unidos, podía ver las calles rectas por las que viajaban, y escuchar los aviones que sobrevolaban su departamento.

UNA VENTANA ROTA

CUANDO REGRESAMOS DE ESTADOS UNIDOS, no vi a mis papás durante meses. Sus llamadas telefónicas eran inconstantes, y, con suerte, teníamos noticias de ellos un par de veces al mes. Mamá Silvia me dijo que ahora era ella quien pagaba nuestra colegiatura.

Mis papás llevaban viajando a Estados Unidos desde que yo tenía seis años. Ahora tenía nueve y no entendía cómo era posible que no tuvieran el dinero suficiente para pagar nuestra colegiatura, tras tantos años de trabajo.

Finalmente, mis papás volvieron a Taxco para vender cantaritos durante la Feria de la Plata. Yo sabía que algo andaba mal. Mamá Silvia también me dijo que les había prestado dinero para trabajar en la feria. Cuando vi a mamá el día que llegaron, aparentaba más años de los que tenía. Su personalidad alegre y enérgica había desaparecido, y papá no contaba ningún chiste. Tampoco había largas filas de artesanos plateros para reunirse con mamá.

Una tarde llegué a casa después de la escuela y encontré a mamá llorando en la mesa de la cocina. En cuanto me escuchó entrar, se limpió las lágrimas y me abrazó.

—¿Estás bien, mami? —le pregunté.

—Todo va a estar bien. Todo va a estar bien —repetía.

Esa noche escuché gritos. Me levanté de la cama y encontré a mis papás discutiendo en la cocina. La mesa estaba cubierta de latas de cerveza. Papá había estado bebiendo.

—¡No, papi! —grité cuando lo vi empujar a mamá.

Mis gritos despertaron a mis hermanas. La niñera, que dormía en una habitación contigua a la cocina, no se levantó, o quizá decidió que no quería involucrarse en el asunto.

—Mijas, regresen a la cama —dijo mamá entre lágrimas.

—Anda, regresemos a la cama —Aris le dijo a Nay.

Aris tampoco quería verse involucrada.

Nay notó que nuestro papá estaba llorando. Corrió hacia él y le preguntó si *él* necesitaba algo.

—No, mija. Lamento haberte despertado. Regresa a la cama.

Abrió otra lata de cerveza.

—Estamos muy estresados, mija —dijo mamá mientras nos conducía por el pasillo hacia la habitación que compartíamos.

Algunos años más tarde, me enteré de que mis papás habían perdido casi toda su plata. Habían establecido la rutina de enviar la plata a Nuevo Laredo, donde la recogían para pasarla por la aduana estadounidense. Habían hecho eso docenas de veces sin que ocurriera ningún incidente.

Un día, camino a San Antonio, se detuvieron en un comedor, en el lado estadounidense de Laredo. Mamá quería un café, o utilizar el baño, y papá quería un sándwich. Cualquiera que fuera la razón, ambos entraron al restaurante y dejaron la camioneta sola por quince minutos. Desde donde estaban sentados podían ver la camioneta, pero esos quince minutos lo cambiaron todo. Descubrieron que, tras remover una de las ventanas que quedaba fuera del alcance de su vista, les habían robado toda la plata que tenían en la camioneta.

Una breve parada les había costado años de trabajo. Esa ventana rota, esos quince minutos, casi destruyeron mi familia.

A la mañana siguiente, mientras desayunábamos, papá nos pidió disculpas.

—Perdón por haberlas asustado ayer en la noche —dijo.

—¿Te disculpaste con mamá? —dijo Aris con seriedad.

—Sí, lo hice —dijo, mirando a mamá, que desvió la mirada.

Nunca antes había sentido esa tensión entre ellos. Sus visitas por lo general estaban llenas de alegría. Intentaban darnos todo el amor que les era imposible cuando estaban lejos.

Transcurrieron algunos días y nadie en la familia volvió a mencionar el incidente. Luego llegó el momento de la feria.

Una vez solas, le pregunté a mamá:

—Mami, ¿es cierto que mamá Silvia está pagando mi colegiatura?

—¡Ay, mamá! No puedo creer que te haya dicho eso —se quejó mamá, dejando escapar un suspiro.

—No he visto trabajadores en la casa —dije.

Aris me dijo que era a causa de la lluvia, pero hacía tiempo que no llovía.

—¿Alguna vez regresarán a casa para quedarse? —le pregunté, tras no obtener respuesta a mis otras preguntas.

—No te preocupes, mija. Algún día estaremos todos juntos en un solo lugar —dijo.

Pero algún día parecía muy lejano. Pocos días después de que terminara la feria, mis papás regresaron a Estados Unidos para asistir a otra feria comercial, y yo me quedé en casa pensando cuándo llegaría *ese* día.

DE MAL EN PEOR

Mis papás trabajaron muy duro durante toda mi vida, pero el año siguiente al robo de la plata se esforzaron más que nunca. Sus viajes a casa eran menos frecuentes y no los vi en seis meses. Mi abuela se hizo cargo de nuestras finanzas en México. Cuando necesitábamos dinero para útiles o paseos escolares, o para comer tacos al pastor durante el fin de semana, se lo pedíamos a mamá Silvia.

Finalmente, cuando mis papás volvieron a casa durante el verano, trajeron con ellos malas noticias. Estábamos todos reunidos en casa de mamá Silvia cuando mamá anunció que estaba embarazada. Yo dejaría de ser su bebé. Permanecí en silencio, pensando qué decir. El doctor le había asegurado a mamá que nunca podría tener más hijos. *¿Cómo era eso* *posible?* Sentí que la sangre se me subía a la cabeza y mis pensamientos se hacían una maraña.

—Odio al bebé —fue lo único que escapó de mi boca.

Luego, las noticias empeoraron: el bebé era varón. Mamá intentó decirme que eso era un milagro.

—Tu papá y yo hemos rezado por tener un hijo varón durante veinte años. Al fin Dios ha escuchado nuestras plegarias.

Me gustaba verla tan contenta, sobre todo después de notarla tan triste y preocupada durante su último viaje a Taxco. Pero no podía hacerme a la idea de compartir a mamá con otro bebé.

—¡Pero yo soy tu milagro! Mami, yo soy tu milagro —imploré, cubriéndome el rostro con las manos.

—Mija, no llores. Son buenas noticias —dijo.

—Tendrás otro hermanito con quien jugar. ¿No es maravilloso? —dijo papá.

En ese momento, lo único que pensé fue: "Él vivirá con mis papás, en Estados Unidos, y a mí me abandonarán para siempre. Mis papás dejarán de amarme". Mamá tenía un nuevo milagro que era mejor que yo.

Nay no estaba celosa como yo.

—¡Un hermanito! Sabía que funcionaría —dijo, corriendo a abrazar a mamá.

Nay le dijo a mamá que durante un paseo escolar a Teotihuacán, una antigua ciudad mexicana, subió la Pirámide del Sol, la tercera más grande del mundo, y pidió un deseo: tener un hermanito.

—¿Cómo pudiste hacerme eso? —grité.

No sabía que Nay quería un hermanito.

Mi prima Jessi me molestaba diciendo: "Te van a bajar del burro".

Nunca más sería la hija favorita que se sentaba en el burro, como lo hizo la virgen María cuando José caminó a través del desierto hacia Belén. Me iban a bajar del burro. Ya no era la bebé milagrosa de mamá, y papá al fin tendría el hijo que siempre había querido, para vestirlo con overoles y enseñarle cosas.

Una semana después de recibir la devastadora noticia de que tendría un hermanito, mamá nos dio otra vez malas noticias. Habían aceptado a Aris en una de las universidades más prestigiosas de México, a dos horas de distancia de Taxco. Ella se iría a vivir a Cuernavaca en cuanto iniciara el nuevo año escolar.

—Es una gran oportunidad para Aris. Estamos muy orgullosos de ella —dijo mamá.

Miré a Nay con nerviosismo, preguntándome si ella también me abandonaría.

—Nay se mudará con Aris para ir a la preparatoria.

—¡No pueden hacerme esto! —grité.

Había sobrevivido los ires y venires de mis papás durante años, y la partida de Cande cuando se casó, pero no sabía que también tendría que sobreponerme a la partida de Nay.

Nay me abrazó y dijo:

—Prometo que vendremos a verte cada fin de semana.

Aris permaneció en silencio. No me importaba lo que tuviera que decir. A ella no la iba a extrañar. Casi nunca estaba en casa.

Aris era una chica hermosa que recibía mucha atención por parte de los muchachos. Había empezado a salir con un chico llamado Víctor y pasaba todo el tiempo con él. A veces no volvía a casa sino hasta la mañana siguiente, para cambiarse el uniforme e ir a la escuela. Solía decir que salía a correr por las mañanas, pero nosotras sabíamos la verdad. Nay y yo nunca les dijimos nada a nuestros papás.

—¿Y qué hay de mí? —le pregunté a mamá.

—Vivirás con mamá Silvia —respondió.

Mamá Silvia siempre nos cuidó, y, aunque era estricta, en verdad le importaba nuestra familia. Amaba su casa. Prefería vivir allí que en mi casa con una niñera. Sin embargo, no entendía por qué todas las personas a las que amaba me dejaban para perseguir mejores oportunidades. Mis papás tendrían que trabajar aún más duro para poder pagar la colegiatura de mis hermanas. La construcción de la casa al otro lado de la calle se había detenido por completo, para destinar cada centavo a financiar nuestra educación. Papá incluso tuvo que vender su amado terreno en Landa para poder saldar las deudas que tenían a causa del robo de la plata.

Me intranquilizaba pensar que ese momento en el que viviríamos todos juntos nunca llegaría. ¿En dónde viviríamos si ya no estábamos construyendo nuestra casa? Algunos días después, mamá me ayudó a empacar algunas de mis pertenencias en una pequeña maleta para llevarme a casa de mamá Silvia.

—No tienes que llevarte muchas cosas ya que regresarás al departamento todos los fines de semana con tus hermanas —dijo.

Debido a que ahora viviría con mi abuela, ya no necesitaría una niñera. El día en que mis papás me dejaron en casa de mamá Silvia, papá cargó mi pequeña maleta y mamá me tomó de la mano durante todo el camino.

Entré nerviosa a casa de mi abuela; me preguntaba cómo sería vivir con ella, lejos de mis hermanas, y con mis papás en Estados Unidos. No se sentía como aquella casa conocida en la que celebrábamos mis cumpleaños y las navidades, y donde cenaba casi todas las noches. Mis papás me pidieron que me comportara y que no le causara problemas a mamá Silvia.

—Te veremos muy pronto. Recuerda que te queremos mucho —dijo mamá, besándome la mejilla—. Por favor, cuídala mucho, mamá —le dijo a mi abuela.

Tenía los ojos llenos de lágrimas.

—¿Tengo acaso otra opción? —dijo mamá Silvia.

Papá le dio las gracias a mi abuela por recibirme. Luego rodeó a mamá con el brazo, mientras se dirigían hacia la salida.

Yo quería correr tras ellos. Quería pedirles que no me abandonaran. Pero no podía moverme. Sabía que no importaba lo que dijera o hiciera, ellos regresarían a Estados Unidos, y mis hermanas se quedarían en sus nuevas escuelas. Con el nuevo bebé en camino, sentía como si mis papás ya no fueran míos. Vi a papá darle un apretón cariñoso en el brazo a mamá mientras bajaban los pocos escalones que conducían a la calle desde la casa de mi abuela. No miraron atrás.

LA ESCOLTA

MI HERMANO NACIÓ EL DÍA de navidad, en San Antonio, Texas. Yo tenía nueve años y me sentía triste porque mis papás no habían ido a Taxco durante las vacaciones. El nacimiento de mi hermano solo empeoró las cosas.

Cuando papá nos llamó para contarnos, podía percibir su alegría a través del teléfono. No podía contenerla, ni siquiera con la frontera Estados Unidos-México de por medio. Sonaba como si hubiera recibido el mejor regalo de navidad del mundo.

No solo me habían bajado del burro, sino que lo habían hecho con gran estilo. El nuevo bebé era varón y había nacido en navidad, en Estados Unidos. Lo nombraron en honor a papá, Julio, y mi abuelo materno, Miguel. Había sido bendecido y no había forma de negarlo.

Pasé meses sin ver a mis papás: parecía que, pese a mis logros, su nuevo bebé era lo único que les importaba. Así que, al iniciar quinto de primaria, mi actitud cambió por completo. Ya no me importaba ser la chica más lista de la clase para impresionar a mis papás. Una noche escuché a mamá Silvia hablando por teléfono con mamá:

—Julissa no se está comportando como de costumbre. Te necesita, Luisa.

Recibí mi tercera boleta de calificaciones del año durante la primavera, con calificaciones reprobatorias en Matemáticas y Ciencias. Me encantaban las matemáticas y me avergonzaba haber reprobado mi materia favorita.

—Julissa, necesitamos que tu abuela firme esto y que venga a verme esta semana —dijo la maestra al entregarme mi boleta de calificaciones.

—Okey —dije, metiendo la hoja de papel en mi nueva mochila de Cenicienta, proveniente de Estados Unidos.

Me causaba nerviosismo tener que mostrarle mi boleta a mamá Silvia, e incluso más el pensar cuán decepcionados estarían mis papás. Mamá me había dicho incontables veces:

—Aprender es lo más importante en la vida. Mi obligación es trabajar, tu obligación es que te vaya bien en la escuela.

Esa noche, mientras mi abuela y yo veíamos nuestras telenovelas en su sala de estar, le dije:

—Mamá Silvia, tengo que enseñarte algo. Por favor, no te enfades conmigo.

—Ay, mija, pobrecita de ti —dijo mi abuela cuando le mostré mi boleta de calificaciones.

Me jaló hacia ella y me dio un abrazo fuerte y largo.

Cuando le di la noticia a mamá, la noche siguiente, tampoco se enojó conmigo. Me ofreció un trato.

—Si consigues entrar a la escolta, no me lo perderé por nada del mundo. Estaré ahí, lo prometo.

En México, uno de los mayores honores académicos que puedes recibir es formar parte de la escolta. Los estudiantes marchan alrededor de la escuela mientras suena el Toque de Bandera, y el alumno con mejor promedio y mejor conducta tiene la oportunidad de llevar la bandera.

Para entonces llevaba meses sin ver a mamá. Era lo único que quería, así que acepté su trato. No estaba particularmente preocupada por sacar buenas calificaciones; sabía que si estudiaba lo suficiente podría tener el mejor promedio de la clase. Sin embargo, las buenas calificaciones por sí solas no bastaban. También debía tener buena conducta —el único factor que constantemente me mantenía fuera de la escolta—. Me gustaba hacer preguntas que los maestros consideraban fastidiosas, y a veces irrespetuosas.

Mantuve la boca cerrada, no hice ninguna pregunta y estudié mucho. Una chica llamada Evelyn me ganó por un punto en buena conducta, por lo que a ella le tocó ser la abanderada, pero aun así logré entrar a la escolta en el siguiente periodo de calificaciones. El día que me enteré de que marcharía alrededor de la escuela, corrí a Metales Avilés para darle la buena noticia a mamá Silvia. Metales Avilés era nuestro negocio familiar, y mamá Silvia trabajaba ahí todos los días, incluso los domingos. Mamá y papá habían ayudado a construir Metales Avilés cuando mi abuelo aún vivía. Mis tíos Alex y Mike eran muy jóvenes en ese momento, pero cuando se hicieron mayores tomaron las riendas, y mis papás comenzaron a construir su propio negocio.

Noté que mi abuela estaba muy orgullosa y feliz. La verdad es que yo también me sentía feliz. Amaba la sensación de cumplir una meta. De hecho, durante los últimos meses mi abuela me había enseñado a tender la cama, a preparar huevos y a peinar mi gruesa cabellera en una cola de caballo. Tuve que soportar nuevas burlas en la escuela, porque me tomó algunas semanas aprender a cepillarme el cabello de forma apropiada. Las chicas comenzaron a llamarme "la greñuda". Sin embargo, yo estaba muy contenta de que mi abuela me enseñara a cuidar de mí misma.

Esa noche hablé con mamá.

—¡Mami, mami! Lo logré. Entré a la escolta —dije entre lágrimas de felicidad.

Fue entonces cuando me di cuenta de que me gustaba sacar buenas calificaciones, no solo por mis papás, sino también por mí.

—¡Eso es maravilloso, mija!

Las siguientes semanas transcurrieron en una ráfaga de

emoción. Yo estaba en casa de mamá Silvia, terminando mi tarea y esperando a que mamá entrara por la puerta en cualquier momento. Y luego sonó el teléfono.

—Mija, estoy en el aeropuerto de Chicago, pero cancelaron mi vuelo a causa de una tormenta de nieve —dijo con la voz quebrada.

Yo nunca había visto la nieve y me resultaba difícil imaginar cualquier tipo de mal clima, porque el cielo azul de Taxco siempre estaba despejado.

—No puedes hacerme esto. ¡Me lo prometiste, mamá!

No podía creer que rompiera su promesa.

Mamá Silvia entró a la sala de estar y me preguntó qué ocurría.

—No va a llegar —dije, pasándole el teléfono.

—Luisa, esto no está bien. No puedes hacerle esto —dijo mi abuela, regañando a mamá.

Cuando mi abuela terminó de hablar por teléfono con mamá, dijo:

—No te preocupes, yo estaré ahí mañana.

"¿Por qué mi mamá no tomó un vuelo más temprano?", me pregunté. Era lo suficientemente mayor como para darme cuenta de que mamá a menudo llegaba tarde, desaliñada y desarreglada. "¿Había llegado tarde al aeropuerto? ¿Era esa la razón por la que había perdido su vuelo? ¿O acaso era el pequeño Julio quien la había retrasado?".

Pasé la noche en vela, fantaseando con que mamá llegaría milagrosamente a tiempo a Taxco. A la mañana siguiente, mamá Silvia peinó su cabellera blanca con la secadora de pelo y se puso su mejor vestido. Su cuerpo tenía forma de pera y ninguno de los vestidos que vendían en las tiendas le quedaba, por lo que los suyos estaban hechos a la medida. Los usaba a diario con un delantal a cuadros de distinto color, aunque no estuviera en la cocina preparando comida. Solo se quitaba el delantal para ir a la iglesia o si yo iba a marchar en la escolta.

Mamá Silvia caminó conmigo a la escuela y me vio marchar en la escolta.

Marché con el pie equivocado durante toda la rutina. No dejaba de mirar la puerta principal de la escuela, esperando que mamá hiciera una entrada dramática, pero no pasó. Los aplausos, el Toque de Bandera y el desfile no significaban nada sin la presencia de mamá.

Nunca podría ser lo que un bebé varón era a los ojos de mis papás, pero tras años de clases yo podía pintar, tocar el piano e incluso entrar a la escolta. Estaba decidida a pintar el mejor cuadro de la exposición de arte, hacer la mejor interpretación de piano en el recital y obtener el mayor número de trofeos de karate. Yo quería que mis papás les dijeran a los otros papás: "Esa es nuestra hija". Quería que se sintieran orgullosos de mí.

Algunos días después llegué a casa de mi abuela y vi a mamá sentada en la sala de estar, llorando.

—Hubo una tormenta muy fuerte en Chicago y le rogué a la azafata que me dejara volar a cualquier otro lado. Después de un tiempo logré llegar a Houston y tomé el primer vuelo a la Ciudad de México —me explicó.

Mamá realmente había hecho un esfuerzo por llegar. Se quedó dos días y luego tuvo que regresar a San Antonio.

Antes de su partida, le pregunté:

—Mami, ¿cuándo va a estar lista la casa? ¿Cuándo volverás a casa para quedarte?

Ella suspiró y dijo:

—No lo sé, mija.

Era la respuesta más honesta que me había dado en toda mi vida.

DE REGRESO A ESTADOS UNIDOS

Un día, hacia el final de quinto de primaria, mientras acomodaba mi ropa limpia en los cajones de mi recámara, encontré una revista para adultos. La habitación que ocupaba en casa de mamá Silvia había sido antes de mi tío, y como guardaba la mayoría de mis pertenencias en nuestro departamento de la Calle Nueva, no había utilizado mucho los cajones. Sin embargo, durante las últimas semanas Aris y Nay se habían quedado en Cuernavaca, estudiando para sus exámenes finales, y llevé ropa extra a casa de mamá Silvia. Cuando encontré la revista, decidí dársela a Enrique, un chico de mi clase de arte que me gustaba, a pesar de que era adolescente y yo solo tenía diez años. Tenía la piel clara, como mamá, y ojos color avellana. Envolví la revista en un periódico y la escondí en mi mochila. Me entusiasmaba la idea de que Enrique me viera como alguien genial.

Desde que había ingresado a la escuela de arte, algunos años atrás, Enrique había sido muy amable conmigo: me ayudaba a cargar los equipos pesados cuando trabajábamos con cerámica, y a menudo elogiaba mi trabajo. Decidí dejar de sentirme triste por el hecho de que mis papás siempre estuvieran lejos de casa, y concentrarme en hacer nuevos amigos.

Ese día, Enrique estaba sentado frente a mí en la clase de arte. Trabajábamos con óleo sobre lienzo, y yo pintaba un jarrón con flores. Esperé a que la maestra desviara la mirada y corrí alrededor de la mesa para susurrarle a Enrique que tenía algo que darle después de clases. Estaba tan emocionada que tiré mi pintura, aún húmeda, y quedó prácticamente arruinada al caer al suelo. Pero eso me tenía sin cuidado. Enrique pensaría que yo era realmente genial. Estaba segura de ello.

Cuando finalizó la clase, me acerqué a él y le dije:

—Espérame aquí. Voy a traerte algo.

Saqué el regalo de mi mochila, regresé corriendo hacia donde se encontraba de pie y le di el envoltorio de periódico.

—¿Qué es esto? —preguntó.

—Solo échale un vistazo —dije con una sonrisa de oreja a oreja.

Él miró la revista y abrió los ojos como platos en señal de incredulidad.

—¡Maestra Estela! —gritó, y corrió a lo largo del pasillo hacia la oficina de la maestra.

Yo no entendía lo que sucedía. Algunos minutos después, la maestra Estela me llamó a su oficina y pasé junto a Enrique antes de entrar. Se le veía conmocionado y con los ojos llorosos.

—¿Dónde conseguiste esto? —me preguntó la maestra Estela.

Nunca pensé que obsequiarle la revista a Enrique me acarrearía problemas. Además, no quería delatar a mi tío, dado que había encontrado la revista en su viejo cuarto, así que me rehusé a responder.

—No lo sé —repetía una y otra vez.

—Voy a llamarle a tu abuela —dijo—. Ya te puedes ir a casa.

No quería ir a casa de mamá Silvia. No entendía por qué estaba en problemas, pero sabía que había hecho algo muy malo. No había pensado que la revista fuera un regalo inapropiado para Enrique.

Mamá Silvia estaba sentada en la mesa del comedor cuando entré por la puerta principal. Me dijo:

—Ya le llamé a tu mamá. Viene en camino. Tus hermanas llegarán mañana. Todos necesitan estar en casa contigo en este momento.

Mi abuela sostenía un rosario en la mano y me dijo que esa noche rezaría rosarios adicionales por mí. En cuestión de días, mis papás volaron a México. Todos me dijeron que lamentaban haberme dejado sola tan a menudo y se culpaban por mi mala conducta. Nadie nunca me explicó por qué lo que había hecho era tan malo.

Pero un día, mientras me recostaba para dormir la siesta en nuestro departamento de la Calle Nueva, escuché a mamá hablando por teléfono con una de sus amigas más cercanas.

—Aris y Nay son muy buenas hijas —dijo—. No sé dónde nos equivocamos con Julissa.

Me sentía sumamente confundida. Algunos días después, mis papás regresaron a Estados Unidos y pensé que todo el calvario había terminado.

Cuando llegó el verano, volé a San Antonio con mis hermanas para visitar a mis papás, como había hecho en múltiples ocasiones. Mis hermanas regresaron a México en avión antes de que iniciara el nuevo año escolar, pero yo no lo hice.

Estaba sentada en la sala de estar del departamento de mis papás jugando con el pequeño Julio. Había crecido mucho desde la primera vez que lo vi, cuando ni siquiera podía sentarse derecho. Se entretenía con un camioncito de bomberos de juguete, y yo jugaba con él cuando papá dijo:

—Mija, ven para acá. Tu mamá y yo queremos hablar contigo.

Resultó que a partir del incidente de la revista, mis papás empezaron a planear que me fuera a vivir con ellos a Estados Unidos. Temían que tomara un rumbo equivocado.

—No regresarás a México. Te quedarás con nosotros.

PARTE
2

TEXAS, DULCE HOGAR

En un abrir y cerrar de ojos, mi vida entera cambió. Hacía mucho que deseaba una familia, pero así no era como lo había soñado. Tenía una casa en un nuevo país, pero sin mamá Silvia, Nay y Aris. Todo sucedió tan rápido que ni siquiera tuve oportunidad de despedirme de nadie en Taxco.

Algunos días después de que mis papás me dijeran que Estados Unidos era mi nuevo hogar, mamá tomó un avión para asistir a una feria comercial. Papá, Julio y yo llevamos a mamá y a Sam al aeropuerto. Conocí a Sam la primera vez que visité Estados Unidos. Viajaba con mamá para apoyarla durante las ferias comerciales. Papá se quedó en casa para cuidarnos a Julio y a mí.

—Regreso el miércoles. Cuida a Julio en mi ausencia

—dijo mamá por encima del ruido del intercomunicador que anunciaba las puertas de salida.

Se agachó para darme un beso, luego besó las mejillas regordetas de Julio, que estaba sentado en su carriola. Julio tenía dieciocho meses y se puso a llorar cuando vio que mamá se alejaba hacia la puerta.

—Todo está bien, Julio. No llores —dije, sacándolo de la carriola para cargarlo.

Nay era quien me consolaba cuando mamá se iba a trabajar a las ferias, y ahora me tocaba a mí consolar a mi hermanito.

Mamá volteó a vernos una última vez antes de subirse al avión, y luego nos mandó un beso.

Un par de semanas después, estábamos desayunando cuando mamá dijo:

—Encontramos una escuela católica muy buena para que asistas cuando inicie el nuevo año escolar.

—¿Es una escuela bilingüe? —pregunté.

—No lo sé. Cuando visitemos la escuela, preguntamos —dijo.

Mis papás no hablaban bien inglés. Habían aprendido a comunicarse con sus clientes con relación a la plata, y a menudo Sam fungía como traductor en las ferias comerciales.

Sin embargo, eso no le impidió a mamá hacer múltiples preguntas el día que fuimos al Sagrado Corazón para inscribirme en sexto de primaria.

La escuela católica era mucho más grande que mi escuela de México. Entramos a la oficina de admisiones y mamá dijo en inglés:

—Traemos hija a escuela.

Por lo general, papá guardaba silencio en presencia de desconocidos, incluso si hablaban español. Como la recepcionista no lograba entender lo que decía, mamá comenzó a manotear, señalándome con el dedo y diciendo:

—Ella va a escuela aquí.

Mientras llenaba los papeles, mamá miró a papá con nerviosismo.

—Hay que poner su número de seguridad social —le dijo.

Papá respondió que no debería importar que yo no tuviera un número de seguridad social, ya que no era una escuela pública.

Mis papás me habían llevado a Estados Unidos con una visa de turista en lugar de una de estudiante. Inscribirme en la escuela suponía una violación a ese permiso, incluso si era una escuela privada. Si la autoridad migratoria descubría que yo utilizaba una visa de turista, me regresaría a México y me separaría de mis papás.

La directora de la escuela debió saber que yo únicamente contaba con visa de turista, pues tenía una copia de mi pasaporte, pero estuvo de acuerdo en que, dado que la escuela era privada, mis papás podían inscribirme sin que tuviera un número de seguridad social.

La escuela del Sagrado Corazón no ofrecía cursos de enseñanza de inglés como segunda lengua, o ESL. Y, aunque los ofreciera, mamá nunca me hubiera inscrito en ese tipo de clases. Existía —y aún existe— una sensación de vergüenza relacionada con la creencia de que no hablar inglés evidencia un bajo nivel de inteligencia. Por supuesto que no es verdad, pero en Estados Unidos las apariencias lo son todo. Para mucha gente, los cursos ESL son como cursos "de regularización", en lugar de advertir que los que los toman hablan un segundo idioma. Había tomado algunas clases de inglés en México, pero me enseñaron muy poco. Podía cantar una canción en inglés, eso era todo.

—No hablo inglés. ¿Cómo puedo ir a esta escuela? No podré hacer amigos —protesté.

—Es lo mejor para ti, Julissa —dijo mamá—. Aprenderás inglés enseguida. Es una gran escuela y recibirás la mejor educación.

Antes de mudarme a San Antonio, imaginaba que los salones de clases en Estados Unidos estaban llenos de gente rica, hermosa y blanca, tal y como había visto en la televisión. Pero esa no fue mi experiencia. El primer día de clases me puse mi uniforme: una blusa blanca, y una falda y una corbata color café. Tanto mamá como papá me llevaron a la escuela, pero solo mamá me acompañó a la oficina principal. Ahí me esperaba mi maestra, la señora García.

—Hola, Julissa. ¡Qué gusto conocerte! —dijo.

Fue un alivio saber que mi maestra hablaba español y que le daba gusto conocerme.

—Ven, te llevaré a tu salón —dijo.

—Regresaré en la tarde para recogerte —dijo mamá.

Caminé con nerviosismo detrás de la señora García. Cuando llegamos al salón, me condujo hacia mi pupitre. Me senté en silencio mientras observaba a varios chicos morenos de cabello negro, que lucían como yo, entrar al salón. También había un par de chicos afroamericanos y asiáticos. Una vez que sonó la campana, todos se pusieron de pie para recitar la plegaria matutina y hacer los honores a la bandera. No tenía idea de lo que decían mis compañeros, pero coloqué mi mano derecha sobre mi corazón y giré mi cuerpo en torno a la bandera de Estados Unidos como si fuera uno de ellos.

Después de que todos se sentaran, la señora García hizo un anuncio. No entendía nada de lo que decía, pero escuché mi nombre y las palabras "México" y "español" en el anuncio. Supuse que informaba a mis compañeros que mi nombre era Julissa, que venía de México y que solo hablaba español. Tras el anuncio, la señora García le pidió a una chica llamada Brittany que pasara al frente. Luego de hablar con Brittany, la señora García me pidió que me acercara a su escritorio.

—Ella es Brittany y va a ser tu amiga —dijo.

Esto me confundió. Había muchos chicos y chicas en mi salón que suponía hablaban español, pues se parecían mucho a mí. Entonces, ¿por qué la maestra había escogido como mi amiga a una chica que seguro ni hablaba español?

—Hola, soy Brittany. ¡Bienvenida! —dijo la chica, dándome la bienvenida en español.

Mis ojos se abrieron como platos ante la sorpresa. La señora García se dio cuenta y dijo:

—Brittany es la única persona en nuestro salón que habla español.

—Hola —le dije, apenada.

Asumí que no hablaba español porque era rubia y tenía ojos verdes. Tiempo después, cuando la gente asumía cosas sobre mí porque tenía la piel morena y el cabello negro, trataba de ser indulgente al recordar que yo también había cometido el mismo error alguna vez.

Brittany era la chica más popular de nuestro salón. Durante el almuerzo me senté en una mesa con ella y sus amigos, pero no pude unirme a la conversación. Me reía cuando las otras chicas se reían, pero no tenía idea de qué les resultaba gracioso. Al terminar de comer, Brittany me preguntó si estaba bien que ella se fuera con sus amigas. Yo dije:

—¡Claro!

Claro que se podía ir con sus amigas; después de todo, ella no era mi niñera.

Fue entonces que, mientras me encontraba sentada sola en una mesa tipo picnic, cerca del patio de recreo, una chica latina con cabello rizado y frenos se me acercó.

—Soy Tiffani —dijo, señalándose a sí misma—. Estoy en tu clase —continuó.

Ella también era nueva en la escuela. Tiffani y yo pasamos el resto del recreo tratando de entendernos y riéndonos del curioso sonido de nuestro espanglish. Había encontrado una nueva amiga. Pese a que Tiffani no hablaba español y yo no hablaba inglés, nos entendíamos. Ella se convirtió en mi primera amiga de verdad.

A la salida de la escuela, esperé mientras llegaban distintos automóviles para recoger a mis compañeros de clase. Me ponía nerviosa pensar que mis papás fueran a llegar tarde, pero al cabo de unos cuantos minutos divisé su camioneta negra. Papá conducía, mamá estaba en el asiento del copiloto y Julio estaba en su silla para bebé, en la parte trasera. ¡Toda la familia había ido a recogerme!

—¿Cómo estuvo la escuela? —preguntó mamá.

—Estuvo bien. Hice una amiga, pero no entendí ni una palabra de lo que dijeron mis compañeros.

—Está bien, mija. Aprenderás inglés rápido. Eres muy inteligente —agregó papá.

Mis papás contrataron a la señora García para que fuera mi tutora todos los días después de clases y durante los fines de semana, a fin de que aprendiera inglés lo más pronto posible. En su opinión, no era para que encajara; era una cuestión de supervivencia. Sin embargo, más allá de la barrera del idioma, sentí que podía ser feliz viviendo en Estados Unidos.

DIFERENTE

Nunca en la vida me había sentido tan tonta. Cuando reprobaba en México, sabía que era resultado de una falta de esfuerzo. En mi nueva escuela me esforcé por aprender inglés y mantenerme al corriente con el material.

—Reprobé un examen en el que podía consultar mi libro para obtener las respuestas. Mamá se va a molestar mucho —le dije a papá un día en el que me sentía derrotada.

—Ella sabe que estás haciendo tu mejor esfuerzo. Sigue trabajando duro y verás que te irá mejor —dijo papá.

Mamá estaba en casa solo de martes a jueves; el resto del tiempo viajaba por Estados Unidos para asistir a ferias comerciales y poder pagar mi colegiatura, nuestras cuentas y la educación de mis hermanas en México. A Aris le quedaban dos años para terminar la licenciatura, y luego Nay entraría a la universidad. Yo deseaba que papá viajara en lugar de mamá, pero mamá era mucho mejor vendedora.

Las malas calificaciones no eran mi único problema en la escuela. Un día estaba sentada con Brittany y sus amigas durante el receso cuando saqué el almuerzo que papá me había empacado ese día: dos huevos cocidos y ensalada de pepino. Papá opinaba que almorzar banderillas de salchicha o pizza era como comer chatarra, y decía que era malo para mi salud. De lo poco que pude entender, una de las chicas dijo algo sobre lo apestosos que eran los huevos. Todas las chicas rieron y agitaron las manos frente a sus rostros para disipar el olor. Como siempre, yo me reí, excepto que esta vez me reía de mí misma.

—Sí sabes que se estaban riendo de ti, ¿verdad? —me dijo Tiffani durante el receso.

—¡Claro que no! No te creo. Ni siquiera estabas sentada con nosotras —le dije.

Tiffani no había sido invitada a la mesa de Brittany. Ella se sentaba en otra mesa a un par de filas de distancia y yo pensaba que estaba celosa de que me sentara con las chicas populares. Sin embargo, a medida que mi vocabulario aumentó comencé a entender lo que las chicas decían a la hora del almuerzo, y pronto descubrí que Tiffani había dicho la verdad durante todo ese tiempo.

—Mírala con su cabello de Pocahontas. Su comida huele horrible. No sé por qué se sienta aquí —dijo una chica llamada Melissa.

—Mi cabello es bonito —le respondí a Melissa.

Sus ojos se abrieron como platos.

—Entiendo todo lo que dicen —agregué mientras me levantaba de la mesa.

Rápidamente caminé hacia el baño al final del pasillo. Una vez dentro del cubículo del baño, dejé escapar las lágrimas que había estado conteniendo.

—Perdón por no haberte creído —le dije a Tiffani, que me había seguido al baño cuando notó que estaba molesta.

—Está bien. Ahora podemos sentarnos juntas —dijo.

A ella no le molestaban mis huevos apestosos ni mi ensalada de pepino. Y cuando se reía de algo, me lo explicaba para que entendiera por qué era gracioso. Me alegraba tener una mejor amiga como Tiffani, aunque extrañaba mucho a Nay. Ella siempre me defendía, pero era momento de defenderme a mí misma. Estaba feliz de vivir con mis papás, pero de muchas maneras mi vida era mejor en México. Al menos en Taxco hablaba el mismo idioma que el resto de la gente. Era una de las chicas listas de la clase. Y aunque eso muchas veces me metía en problemas, siempre me sentí cómoda al decir lo que pensaba.

En Estados Unidos, el simple hecho de construir un enunciado se me dificultaba. Aunque los chicos en la escuela se burlaban de mí por ser diferente, nunca dejé que su escarnio me silenciara. Yo seguía levantando la mano en clase. Aprendí de mamá a ser fuerte: ella nunca se avergonzaba cuando hablaba inglés, y si no le entendían, lo intentaba una y otra vez hasta que lo lograba.

Me alegré mucho cuando Clara se incorporó a nuestra clase pocos meses después de iniciado el año escolar. Venía de España y se acababa de mudar a Texas. Aunque hablaba inglés con fluidez, también hablaba español. De inmediato, Tiffani y yo nos presentamos y nos propusimos para darle un recorrido por la escuela. Mi esperanza era que mi número de amigas aumentara de una a dos.

Por lo general, mis papás no me permitían pasar tiempo en casa de otras chicas. Sin embargo, los papás de Clara hablaban español y convencieron a mamá de que me dejara visitar su casa. Papá me condujo a casa de Clara un sábado. Vivía en una comunidad cerrada, con residencias mucho más grandes que las de las chicas adineradas de Taxco.

—Guau, no me dijiste que tu amiga era rica —dijo papá mientras pasábamos mansión tras mansión.

—Yo tampoco lo sabía —dije.

La entrada a su casa era hermosa. Unas escaleras conducían al segundo piso y un enorme candelabro colgaba del alto techo. Clara pasó la mayor parte del día mostrándome sus múltiples juguetes y su clóset lleno de ropa hermosa, y platicándome sobre todos los lugares que había visitado alrededor del mundo.

Antes de que papá pasara a recogerme, me dijo:

—¿Por qué eres amiga de Tiffani? Es muy gritona.

—Es mi mejor amiga. Me gusta que sea gritona.

Admiraba mucho a Tiffani por no darle importancia a lo que pensaran las otras chicas en la escuela. Nunca trató de encajar. Si no le caía bien a alguien, ella consideraba que era problema de ellos, no suyo.

—Deberías venir a sentarte con Brittany y conmigo durante el almuerzo el lunes —dijo Clara.

Ya me había sentado con las chicas populares y no me gustó.

—Está bien. Me voy a sentar con Tiffani —respondí.

Lo único que Clara y yo teníamos en común era el idioma. Muy pronto se unió al grupo de chicas que se habían burlado de mí. Cuando se estaba acabando el curso, Clara organizó una fiesta de despedida en la mansión de sus papás. Una vez más transferirían a su papá, por lo que no regresaría a la escuela al año siguiente. La decoración de la casa parecía salida de un cuento de hadas. Se cambió la ropa tres veces —tres hermosos conjuntos— e hizo entradas triunfales. Todos se divirtieron muchísimo.

Yo no fui testigo de ello. Me enteré a través de los otros estudiantes. Tiffani y yo fuimos las únicas chicas de toda la clase que no recibimos invitación. Traté de no molestarme, y pensé que algún día celebraría mi fiesta de quince años y sería yo la chica con el vestido hermoso.

Cuando al fin llegó el último día de clases, me alegré de que el año escolar hubiera terminado.

UN LADO MÁS OSCURO

EL VERANO DESPUÉS DE SEXTO de primaria, mis papás me inscribieron en clases intensivas de inglés, estirando el presupuesto, para lo cual tuvieron que trabajar en más ferias. Comencé a ir a clases de 9:00 a.m. a 3:00 p.m. todos los días del verano —no con estudiantes de mi edad, sino con adultos. El programa de inglés tenía ocho niveles, y gracias a toda la tutoría que había recibido durante sexto grado me ubiqué en el nivel cinco. Me alegró obtener una calificación tan alta para que mis papás no gastaran más dinero del necesario.

Cuando papá me recogió de mis clases de inglés, me di cuenta de que sus zapatos tenían un pequeño agujero.

—Papá, necesitas zapatos nuevos —dije.

Odiaba que mis papás batallaran.

—Están bien, mija. Así a mis pies les entra algo de aire —dijo, riéndose.

Ver a mis papás estresarse por dinero me hacía sentir culpable de todos los problemas que ocasioné cuando estaba en Taxco. No podía evitar sentir que mi presencia les complicaba las cosas. Como vivía con ellos, papá no podía viajar con mamá, y no les era posible trabajar en dos ferias al mismo tiempo como solían hacer. Julio acompañaba a mis papás a las ferias, como yo cuando era pequeña. Contratar a una niñera para que se quedara con nosotros no era una opción viable, dado que era muchísimo más caro que en México.

Quizá también era mi culpa que mis papás pelearan casi cada noche. No les había dicho nada al respecto, pero podía escuchar sus discusiones desde mi recámara.

—¡No tenemos dinero para eso! —gritaba papá.

—No voy a sacar a las niñas de sus escuelas. Simple y sencillamente, tendremos que trabajar más duro —respondía mamá.

Desde mi recámara, escuchaba cómo el volumen de sus voces aumentaba cada vez más. A veces escuchaba cómo se lanzaban objetos. Pero permanecía en mi cama, fingiendo tener una familia perfecta y feliz. Había deseado vivir con mis papás durante tanto tiempo que no quería quejarme de nada.

Cuando mis papás me visitaban en Taxco, papá siempre era divertido. Me enseñó a andar en bicicleta y a comer tacos al pastor, me llevó a partidos de futbol, siempre me hacía reír.

No recuerdo la primera vez que me pegó, pero sí recuerdo la primera golpiza realmente mala. Mamá se encontraba lejos de casa, en una feria comercial, y yo tenía que ayudar a papá con Julio. Estaba en la cocina tratando de abrir una lata de fórmula líquida para bebés para prepararle su biberón. La lata se me resbaló de la mano y la fórmula se derramó por todas partes, salpicando el piso y los gabinetes.

En cuanto papá entró a la cocina y vio el desastre, comenzó a gritar. Agarró una cuchara de madera que estaba cerca de la estufa y comenzó a golpearme con ella.

—¿Sabes cuánto cuesta esa fórmula para bebés? —gritó.

Julio comenzó a berrear, al verme llorar y estremecerme de dolor. Le dije a papá que lo sentía, pero eso no ayudó.

—¡Detente, por favor! ¡Para, por favor! —continué llorando mientras alzaba las manos para cubrirme el rostro.

Pero papá no paró hasta que la cuchara se rompió.

Agarró otra lata de la alacena y terminó de prepararle el biberón a Julio. Cargó a mi hermanito y le dio el biberón con ternura. Yo me quedé petrificada en la cocina. No sabía qué hacer.

—Lo siento mucho, mija. No sé qué se apoderó de mí —dijo después de acostar a Julio.

—Está bien, papá. Está bien.

Sabía que mis papás estaban bajo mucho estrés, e intenté comprenderlos. Papá tuvo una infancia difícil, por lo que me convencí de que no era su culpa haber perdido los estribos.

Cuando recién me mudé con mis papás, noté que papá solía beberse entre una y dos cervezas cada noche. A medida que transcurrió el año escolar, esas dos cervezas se convirtieron en seis, y así sucesivamente. Nunca bebía durante el día. Nunca me recogía de la escuela después de haber bebido. Sin embargo, cada noche se emborrachaba. Y entre más bebía, más gritaba y más golpeaba.

Cuando mamá llegó a casa, notó un moretón que la cuchara de madera había dejado en mi brazo.

—¿Qué te pasó? —preguntó.

Tras contarle lo ocurrido, irrumpió en su recámara y le gritó a papá.

—¡Jamás le vuelvas a pegar!

Esa noche volvieron a discutir por dinero, por el alcoholismo de papá, por haberme golpeado, por sentirse cansado de quedarse solo en casa con dos niños, en vez de trabajar en las ferias comerciales.

Papá siempre se disculpaba después de golpearme. Decía que lo sentía y que nunca lo volvería a hacer, y yo sabía que él *no quería* volverme a pegar. Sin embargo, lo hacía. Mamá le gritaba, lo que derivaba en discusiones. Yo trataba de hacer todo a la perfección para no molestarlo. Pero no importa lo que hiciera, siempre volvía a suceder.

Una mañana, luego de que mamá partiera hacia otra feria comercial, preparé huevos para desayunar y los quemé. El humo invadió la cocina, como la bruma de un día nublado.

Papá entró y me ordenó que me los comiera.

—¡Pero están quemados! —exclamé.

—¡Pues entonces deberías haber prestado mayor atención! —gritó, obligándome a engullir la porquería carbonizada, ennegrecida y asquerosa, que había hecho.

Más tarde volvió a disculparse, pero mi miedo crecía conforme pasaban los días.

Ese mismo fin de semana traté de preparar huevos otra vez. Quería mostrarle a papá que era capaz de cocinar. Estaba muy nerviosa y arrojé los huevos con tanta fuerza sobre el sartén que el aceite me salpicó en el antebrazo. Se me formaron unas burbujas en la piel. Oculté la quemadura con una camisa de mangas largas, para que papá no la viera.

Más tarde, ese mismo día, estaba jugando con Julio afuera del complejo de departamentos mientras papá preparaba la cena. Era uno de esos calurosos días de verano de Texas.

—¿Por qué traes puesta esa camisa? ¿No tienes calor? —me preguntó papá.

—No, no, no. Estoy bien —dije.

Entonces me cogió del brazo y me vio encogerme de dolor.

—¿Qué sucede? —me preguntó, y le mostré.

—¡Dios mío! ¿Por qué no me dijiste? —dijo, preocupado.

Comencé a llorar.

—Pensé que te molestarías conmigo.

—Lo siento mucho —dijo—. Por supuesto que no estoy enojado.

Me limpió el brazo, me untó Neosporin en la quemada y me curó la herida. Fue realmente amoroso y comprensivo. Cuando me levanté para lavar los trastes después de nuestra parrillada, me dijo que me detuviera.

—Yo me encargaré de los trastes esta noche.

ENCAJAR Y DESTACAR

LLEVABA MÁS DE UN AÑO en San Antonio, y durante ese tiempo rara vez hablé con mis hermanas. Las llamadas a México eran muy costosas. Cuando mis papás llamaban a Taxco, era para hablar con mamá Silvia sobre cuestiones de dinero para mis hermanas. Sentía que la distancia entre mi familia en México y mi vida en Estados Unidos crecía cada día más.

A menudo soñaba vívidamente con el perico verde de mamá Silvia, con mi fiesta de quince años y con Aris y Nay, o con que corría por las calles de Taxco con mis primos. Soñaba con todas las cosas que había dejado atrás en Taxco. Un fin de semana, cuando ya cursaba primero de secundaria, soñé que me encontraba en nuestro departamento de la Calle

Nueva. Cande, mi amada niñera, estaba allí. Cuando entró a la cocina, dije:

—Hola, Cande. Me alegra mucho verte —y corrí a abrazarla.

Ella respondió:

—Te he extrañado tanto.

Me desperté y me percaté de que había soñado en inglés. Estaba emocionada y asustada.

"¿Y si se me olvida cómo hablar español?".

No quería olvidar mis raíces mexicanas en mi vida estadounidense. El resto de la semana me la pasé escuchando a Juan Gabriel y a José Alfredo Jiménez, dos de los músicos mexicanos más influyentes. En vez de mirar programas de televisión estadounidenses, pasé el fin de semana viendo Univisión y Telemundo, dos canales de habla hispana. Papá me preguntó si quería ir a comer a McDonald's y dije:

—No, quiero comida mexicana.

Él sonrió y dijo:

—Vamos a Rosario's.

Mamá se encontraba de viaje atendiendo otra feria comercial. Papá ordenó un burrito y yo tacos de pollo.

Cuando trajeron los tacos a la mesa, dije:

—¿Qué es esto? Ésta no es comida mexicana.

Eran tacos hechos con tostadas en forma de concha, y con queso amarillo espolvoreado encima del pollo. Yo esperaba las tradicionales tortillas suaves de maíz, cebollas y cilantro.

—Es comida Tex-Mex —dijo papá—. Pruébala, te gustará.

Probé los tacos y, efectivamente, estaban deliciosos. Era comida mexicana con un toque estadounidense, y eso me pareció bien. Quizás estaba bien que yo hablara inglés en sueños, porque todos los días hablaba en español con mis papás.

Me había preocupado cuando sentí que me estaba volviendo demasiado estadounidense por soñar en inglés, pero pronto descubrí que, para algunas personas, que hablara inglés no bastaba para pertenecer.

La mañana del lunes, mi maestra dio a conocer los nombres de los estudiantes que serían colocados en la clase de Matemáticas Avanzadas para primero de secundaria, y me alegré mucho al escuchar mi nombre. A lo largo de sexto de primaria, Matemáticas fue la única clase donde no me sentí estúpida. Dos más dos es igual a cuatro en cualquier idioma. Además, yo ya había estudiado la mayoría de los temas que nos enseñaban en ese momento cuando cursaba cuarto de primaria en México.

Justin no estaba en la clase avanzada. Era un chico blanco con pecas, que rara vez me había prestado atención. Había intercambiado algunas palabras con él en alguna ocasión, cuando nos colocaron en el mismo equipo de quemados en la clase de Educación Física.

—¿Por qué *ella* está en la clase avanzada? —dijo, y luego continuó, lentamente— Es *me-xi-ca-na*. ¡Ni siquiera habla inglés!

Toda la clase irrumpió en risas.

—¡Justin! —dijo la maestra, llamándole la atención.

—Sí hablo inglés. Además, soy mucho mejor en matemáticas que tú.

Mis compañeros respondieron con un "¡Uuuuuuu!"

—¡Ya fue suficiente! —dijo la maestra, y nos pidió a ambos que nos acercáramos a su escritorio.

—Justin, discúlpate con Julissa.

—¿Por qué? Es verdad, es mexicana —dijo.

Mi rostro se enrojeció de furia.

—Soy mexicana y soy buena en matemáticas. No como tú, ¡tonto! —grité.

—¡Julissa, detente! ¡Sin insultar!

Ambos estábamos en problemas. Yo pensé que me había defendido, pero llamarle tonto a Justin al parecer era tan ofensivo como decir que yo era mala en matemáticas por ser mexicana.

Cuando papá me recogió de la escuela, solté todas las lágrimas que había contenido a lo largo del día.

—Quiero regresar a México, donde puedo ser mexicana con todos los demás.

—¿Qué pasó, mija? —me preguntó.

Le hablé sobre las palabras hirientes de Justin y le conté que me metí en problemas por decirle tonto.

—Me da gusto que te hayas defendido. No hagas caso a lo que dijo —aseguró papá—. Todo estará bien.

No obstante, una vez que abrí los ojos ante el racismo a mi alrededor, nunca más pude cerrarlos. Había tomado las burlas de Melissa sobre mis huevos apestosos y mi largo cabello de Pocahontas como simples comentarios de una chica grosera. Pero, ¿acaso no encajaba por ser mexicana? ¿Era *esa* la razón por la que me costaba tanto trabajo hacer amigos?

Mis papás nunca me hablaron de raza o racismo. Desconozco si alguna vez vivieron el racismo en carne propia, si tenían conciencia de ello o si consideraban que no era algo que sucediera en Estados Unidos. Cuando le conté a mamá del comentario de Justin, lo redujo simplemente al discurso de un chico grosero.

En primero de secundaria aprendí sobre la historia del racismo en Estados Unidos y el movimiento por los derechos civiles, lo cual me causó gran impresión. Sin embargo, los libros de texto enseñaban el racismo como una dinámica que se daba solamente entre gente blanca y negra.

Todo lo que aprendía en la escuela lo compartía con papá durante nuestros viajes en auto de regreso a casa, y con mamá cuando volvía de sus ferias comerciales.

—No puedo creer que hayan tratado tan mal a la gente negra —le dije a mamá un día durante la cena—. ¡No puedo creer que me hayas traído a un país donde la gente era tratada como *propiedad*!

Más tarde aprendí que en México también hubo esclavos, pero *esa* historia fue omitida en los libros de texto.

—Mija, eso fue hace mucho tiempo —dijo mamá.

—El racismo aún existe, mamá. ¿O ya olvidaste lo que me dijo Justin?

—Aprende lo que tengas que aprender, saca buenas calificaciones en los exámenes, pero no dejes que te afecte tanto.

Aunque no hubiera leído nada sobre los mexicanos en los libros de historia estadounidense, supe de inmediato que Justin me veía de la misma manera en que muchas otras personas habían visto a la gente negra a lo largo de la historia de Estados Unidos: como seres de menor valor. Me di cuenta de que, ante sus ojos, ser mexicano era malo. Todo en su voz y sus expresiones me indicaba que me consideraba una intrusa, y eso me dolía. Yo no era como el resto de la gente. No era blanca. No era negra. Era *mexicana*.

¡PORRAS!

—Voy a hacer la prueba para entrar al equipo de porristas —le dije a Tiffani durante el recreo.

Quería unirme al club de teatro, pero los chicos populares en mi escuela no actuaban en obras de teatro. Ellos practicaban deporte. Ellas eran porristas. Aunque quería conservar mis raíces mexicanas, también ansiaba encajar y ser aceptada.

—Yo también he pensado en intentarlo —dijo ella.

Tiffani había practicado gimnasia olímpica desde pequeña y podía hacer muchas más acrobacias que yo. Me emocionaba la idea de que ambas pudiésemos ser porristas. Practicábamos las rutinas en su casa después de la escuela. Cuando al fin llegó el día de la prueba, entré al gimnasio con mi uniforme de Educación Física: shorts color café y una playera blanca. No sabía que durante las pruebas las chicas usaban mallas, leotardos y listones en el cabello. Nunca se me ocurrió preguntarle a Tiffani qué ropa ponerme. Me sentía completamente fuera de lugar. Mis compañeros estaban en el piso del gimnasio haciendo estiramientos y todos me miraron como si viniera de otro planeta. Vi a Tiffani y corrí hacia ella.

—Me veo tan estúpida —dije.

—¿A quién le importa lo que traes puesto? Lo importante es cómo animas y bailas. Además, tienes muy buenas calificaciones y le caes bien a la maestra —agregó.

Aunque para entrar al equipo de porristas había que desempeñarse bien durante la audición, te daban puntos por tener buenas calificaciones y excelente conducta. Pensé en todas aquellas veces en las que quedé fuera de la escolta en México a causa de mi conducta. Pero en Texas nunca hablaba fuera de turno, pues era reacia a hacerlo debido a mi acento. Intenté mantener una actitud positiva, pero comencé a sonrojarme de vergüenza cuando las otras chicas me señalaban con el dedo y se reían.

Llamaron a mis compañeros de clase uno por uno al salón de baile para realizar su audición.

Cuando llegó mi turno, la profesora de baile, la señora Smith, dijo:

—Entra, por favor. Haz tu mejor esfuerzo.

Y lo hice. Hice mi mejor esfuerzo. Ejecuté las porras con movimientos precisos y un volumen óptimo. Brinqué lo más alto que pude. Compensé la pobreza de mi uniforme con una amplia sonrisa.

Al día siguiente, durante la clase de Educación Física, se publicaron los resultados de las audiciones en una hoja de papel afuera de la oficina de la señora Smith. Los nombres aparecían en orden alfabético y, dado que mi apellido comienza con una "A", de inmediato lo vi en la lista.

—¡Entré al equipo! —le dije a Tiffani, que estaba parada junto a mí.

Ella miró la lista durante un par de minutos y dijo:

—Yo no lo logré.

—¿Cómo es posible? Tú puedes hacer el flic flac hacia atrás.

—La maestra me odia y mis calificaciones no son muy buenas que digamos. En fin —dijo Tiffani, decepcionada.

Yo también me sentía triste. No me parecía justo entrar al equipo sin ella. Sin embargo, la señora Smith le ofreció a Tiffani la posición de capitana en el equipo de pompones. Me alegraba saber que Tiffani estaría en las gradas durante los juegos de futbol americano los viernes por la noche, animando al equipo, mientras yo estaba en el campo con el resto de las porristas.

Antes de unirme al equipo de manera oficial, tenía que obtener un permiso firmado por mis papás. En casa, mientras llenaba el formulario con mi nombre, dirección y número telefónico —todos datos sumamente comunes—, me topé con una casilla que pedía ingresar el número de seguridad social.

—Mamá, ¿qué es el número de seguridad social?

—¿Por qué? —preguntó con seriedad.

Le expliqué que lo necesitaba para unirme al equipo de porristas. Ella me dijo que yo no tenía un número de seguridad social, pero que eso no debía importar porque la directora había aceptado que me inscribieran en la escuela sin él.

—¿Por qué no puedes conseguirme uno? —le pregunté.

—No es un asunto sencillo. Hablaré con tu maestra en la mañana.

Mamá también me advirtió que no debía decir que no tenía número de seguridad social. La visa era lo único que importaba. Mamá habló con la entrenadora y me permitieron unirme al equipo.

Pasé la primera mitad del verano antes de entrar a segundo de secundaria en las prácticas del equipo de porristas, e intentando hacerme amiga de las otras chicas. Algunas prácticas se realizaban en casa de Melissa, la chica que se había burlado de mi almuerzo en sexto de primaria. Yo hablaba inglés con fluidez, pero aún batallaba con las expresiones coloquiales.

Una tarde estábamos en el patio trasero de su casa practicando una porra, cuando Melissa dijo:

—¡Mucha mierda!

A lo cual yo respondí:

—¡Qué grosera!

Ella comenzó a reírse y dijo:

—¡No, tonta! Esa frase significa "buena suerte".

Nunca logré entablar una amistad cercana con las otras porristas. Cada entrenamiento deseaba que Tiffani hubiera conseguido entrar al equipo. Deseaba que Nay se mudara a Texas a vivir con nosotros, pero estaba por empezar la universidad, y en las contadas ocasiones en que hablábamos por teléfono me decía:

—Mi vida está en México.

También me sentía culpable porque los uniformes y el campamento de porristas eran muy costosos, y pese a lo duro que trabajaban mis papás aún batallaban con el dinero.

—Mami, puedo salirme del equipo —le dije una mañana después de escucharla pelear con papá por el precio del uniforme de porrista.

—No, mija, te gusta. Es parte de ser joven y hacer amigos —dijo—. Me acompañarás a algunas de las ferias comerciales a las que asistiré este verano, y ahí puedes ayudarme con el trabajo, ¿te parece?

Me alegraba que mamá me hubiera dejado permanecer en el equipo de porristas. Al vestir mi uniforme, mientras observaba y animaba a nuestro equipo de futbol, me sentía una auténtica chica estadounidense. Fue durante esas noches de viernes que me enamoré del futbol americano. Me encantaba aprender sobre las jugadas, las formaciones y los detalles del juego. Cuando me encontraba en el campo animando a nuestro equipo, me olvidaba del temperamento de papá, de los problemas económicos de mi familia y de mi acento, y me convertía en una adolescente normal.

Al vestir mi uniforme en el campo de futbol, sentía que pertenecía. Alguien como yo, sin número de seguridad social, con raíces culturales fuertes y un marcado acento, podía ser a la vez mexicana *y* estadounidense.

VENDIENDO CON MAMÁ

Pasé el resto del verano trabajando con mamá en distintas ferias comerciales. Como ya hablaba inglés, fui su traductora, lo que le permitió ahorrar mucho dinero al no tener que pagarle a Sam para que trabajara en cada evento. Las ferias eran tal y como las recordaba. Se llevaban a cabo en grandes centros de convenciones, en ciudades como Nueva Orleans, Houston y Dallas. En el interior había filas y filas de puestos que vendían desde ropa hasta lentes de sol y joyería.

Me encantaba ver la seguridad con que mamá caminaba, cosa que no veía cuando estaba en nuestra casa en San Antonio. Era muy extrovertida, enérgica y alegre. Y nunca se daba por vencida.

Al término de una feria comercial ese verano, mientras empacábamos las cajas y las maletas de joyería en una camioneta, noté que aún quedaban muchas cajas fuera del auto y que probablemente no cabrían.

—Ya no hay espacio —me quejé.

—Siempre hay una solución para todo —dijo ella.

Sacó las cajas y las maletas de la camioneta y comenzó de nuevo, acomodándolas de distintas maneras. Yo permanecí de pie junto a la camioneta, agotada por el intenso fin de semana de trabajo, pero mamá consiguió que cupieran todas las cajas. Y así era como enfrentaba todo. Una y otra vez la vi perseverar y resolver cosas que otras personas hubieran abandonado.

Mamá era encantadora. Por ejemplo, si necesitaba llegar al frente de una larga fila porque tenía prisa, o quería un descuento en alguna compra que estaba por realizar, era capaz de convencer a la gente para conseguirlo, o para librarse de algo. A veces me avergonzaba su osadía. Deseaba que cuando alguien le dijera que no, ella simplemente lo aceptara y continuara con su vida. Pero la mayor parte del tiempo, cuando escuchábamos un "no", yo sacudía la cabeza y al instante pensaba: "Aquí vamos de nuevo…".

Cuando viajaba con ella era prácticamente el único momento en que la veía, así que no quería quejarme mucho. No obstante, le pregunté:

—Mamá, ¿por qué no viene papá a las ferias y tú te quedas con Julio y conmigo en casa?

—Me gusta venir a las ferias. Soy buena vendedora. Sabes que tu papá no es muy bueno con la gente.

Mamá era mucho mejor vendedora porque era extrovertida. Tenía sentido. Esa noche, cuando regresamos al hotel, yo solo quería dormir. No quería cepillarme los dientes ni lavarme la cara. Habíamos tenido un largo día de trabajo. Sin embargo, mamá se puso un poco de crema en el rostro y se la retiró con un paño. Luego se lavó la cara con jabón facial y se puso otra crema. Dijo que el peor insulto hacia uno mismo es irse a dormir con el rostro sucio. Acto seguido, me levanté de la cama y procedí a lavarme la cara.

Siempre he considerado que mamá posee una belleza deslumbrante, y quería parecerme a ella. Cuando era pequeña solía admirar la forma en que Aris se maquillaba. Ahora podía admirar a mamá, así que puse atención a la forma en que se cuidaba a sí misma. Al día siguiente, en la feria, mamá me preguntó:

—Mija, ¿podemos perforarte las orejas?

Yo no quería hacerlo porque pensaba que me dolería. Me había perforado las orejas cuando era bebé, pero se me infectaron y los agujeros se cerraron.

—Una chica sin aretes es como una noche sin estrellas —me dijo.

Esa mañana dejé que me perforara las orejas. Hasta el día de hoy, si alguna vez olvido ponerme aretes, me siento como una noche sin estrellas. Comencé a imitar a mamá durante las ferias. Un día, mientras una mujer se probaba unos aretes y dudaba si comprarlos o no, la miré y le dije:

—Una chica sin aretes es como una noche sin estrellas.

—Ahhh —dijo. Compró cinco pares de aretes.

Mamá me miró y sonrió.

Me encantaba pasar tiempo con mamá en las ferias comerciales. Si mi vida hubiera consistido en ir a la escuela, viajar con mamá y comprar y vender plata, creo que vivir en Estados Unidos hubiera sido mucho más fácil. Pero la vida en casa con papá me resultaba sumamente confusa.

MIENTRAS MÁS CAMBIAN LAS COSAS, MÁS SE QUEDAN COMO ESTÁN

Extrañaba mucho a mamá cuando estaba lejos de casa. Sobre todo, cuando tuve mi primera menstruación. Papá me recogió de la escuela y en el trayecto a casa notó que estaba más callada que de costumbre, por lo que preguntó:

—¿Qué sucede?

Me sentía demasiado avergonzada como para contarle. Sin embargo, cuando llegamos a casa apenas pude subir las escaleras alfombradas que conducían a nuestro departamento.

—¿Qué tienes, mija? —preguntó una vez más, preocupado.

Julio tenía alrededor de tres años, e incluso a su temprana edad se dio cuenta de que algo andaba mal.

—Sana, sana, colita de rana —dijo Julio cuando me vio encorvada, sentada sobre las escaleras.

Reí al escucharlo cantar una canción de cuna que los papás utilizan para calmar a sus hijos.

—Papá, tengo algo que decirte.

Papá abrió los ojos como platos.

—Dime —respondió con seriedad.

—Me bajó la regla —dije, cubriéndome el rostro con las manos.

—¡Oh! Te llevaré a la tienda para comprar lo que necesitas.

Me ayudó a incorporarme y a subir las escaleras, luego me sirvió un vaso con agua. Me dio un Advil y me dijo que me recostara durante un rato. Cuando llegamos a la tienda, le dije:

—Papá, no quiero entrar a comprarlas. Desearía que mamá estuviera aquí.

—Es algo normal. No te avergüences —dijo, mientras sacaba a Julio de la sillita del auto.

—Por favor, papá, no me hagas ir —dije, aún con el cinturón de seguridad puesto.

Entró a la tienda sin mí y regresó con una bolsa llena de distintos tipos de toallas femeninas. A partir de ese momento, papá me las compraba cada mes y yo evitaba al empleado de la tienda.

Esa noche, cuando mamá nos llamó por teléfono, le conté sobre la forma en que papá me había cuidado. Él era quien me llevaba a la escuela, se levantaba a las cinco de la mañana para que pudiera ir al entrenamiento del equipo de porristas, y me recogía todos los días. Me enseñó a cocinar y a conducir.

Justo después de que cumplí trece años, papá comenzó a darme clases de manejo. Todos mis primos en México aprendieron a manejar al cumplir catorce años. Papá no quería que yo condujera en la calle, pero le emocionaba enseñarme. Así que comenzamos a dar vueltas alrededor de nuestro complejo de departamentos.

Yo me sentaba en el asiento del conductor, me ajustaba el cinturón de seguridad, revisaba los espejos antes de salir en reversa de nuestro lugar de estacionamiento, y escuchaba con atención las instrucciones de papá.

—Jamás uses el pie izquierdo, porque puedes confundirte de pedal —me decía—. Y mantén ambas manos en el volante.

Era muy paciente cuando me enseñaba cosas, y me encantaba que quisiera mostrarme todo lo que un papá desearía explicarle a un hijo varón, tal y como lo hacía cuando era pequeña.

Decía que, si iba a manejar, tenía que aprender a cambiar una llanta, a medir el aceite y a hacerle preguntas al mecánico.

Me hubiera gustado que siempre fuera así. Era un papá maravilloso la mayor parte del tiempo. Siempre estaba dispuesto a ayudarme a resolver cualquier problema. Nos contaba chistes y bailaba bobamente para hacernos reír.

Era muy divertido —hasta que dejaba de serlo.

Escribí en mi diario: "Papá me pega todos los días. Siento como si caminara sobre arenas movedizas, sin saber qué lo va a provocar".

Cada vez que papá me golpeaba, corría hacia mamá o le contaba por teléfono cuando llamaba. Mis papás tenían grandes peleas al respecto.

—Deja de pegarle —le ordenaba mamá.

Y papá respondía en tono apenado:

—Sí, lo sé.

Pero nada cambió.

Sam vivía en el mismo complejo de departamentos que nosotros, y cuando papá me golpeaba yo huía a su departamento y le contaba lo sucedido.

—Hablaré con tu mamá. Tu papá no debería tratarte de esa manera —decía.

Sam se convirtió en una especie de tío para mí.

A pesar de la gran capacidad de mamá para resolver cualquier situación, nunca logró que papá dejara de pegarme. Regresaba a casa después de cada viaje con una gran sonrisa y un puñado de regalos para Julio y para mí. Sé que ella creía que cumplía con su responsabilidad de mamá al darnos comida y techo. Pensaba incluso que iba más allá al comprarnos cosas lindas. Sé que creía en el fondo de su corazón que hacía su mejor esfuerzo al trabajar duro para ofrecernos la posibilidad de un mejor futuro. Sin embargo, nunca entendió que yo no deseaba regalos, la necesitaba *a ella*.

LUCES NOCTURNAS DE VIERNES

—¡ESA FALDA ESTÁ MUY CORTA! —dijo papá cuando me vio vestida con el uniforme de porrista por primera vez—. No te voy a llevar a la escuela con eso puesto.

Una ventaja de ser porrista era que los viernes podíamos usar nuestro uniforme todo el día.

—¡Mamá! —grité.

—Julio, es un uniforme de porrista, no un hábito de monja —le dijo a papá.

Eso desató una pelea. Al final papá accedió y llevé puesto el uniforme a la escuela. Esa tarde, mamá partiría hacia otra feria comercial y se perdería mi primer juego; sin embargo, prometió ir a algunos partidos durante la temporada de futbol americano, para verme animar al equipo escolar.

El plan era irme a casa de Tiffani al salir de la escuela, y que papá me recogiera después del juego. Me sorprendió ver a papá formado en la fila de autos para recoger a los alumnos al terminar las clases.

—Papá, ¿acaso lo olvidaste? Voy a ir a casa de Tiffani y sus papás nos llevarán al juego.

—Súbete al coche —dijo.

Miré a Tiffani y me encogí de hombros, sin saber exactamente qué sucedía.

—Te veré en el juego —le dije a Tiffani.

Cuando llegamos a casa, papá me dijo que de ninguna manera iría al partido con una falda tan corta. Tenía la esperanza de que cambiara de opinión antes de la hora del juego, pero no lo hizo. Había esperado ese día durante todo el verano.

—¡Te odio! —le grité después de la cena, cuando aún se rehusaba a llevarme al juego.

El lunes por la mañana temía ir a la escuela, pues tendría que explicarle a la señora Smith por qué no había asistido al partido.

—Papá estaba enfermo y no pudo llevarme —le dije durante la práctica matutina.

—Tendré que hablar con tus papás. La próxima vez puedes llamar a alguno de tus compañeros y pedirle aventón.

Cuando mamá regresó de la feria, fue a la escuela y habló con la señora Smith. Pronto me di cuenta de que cuando papá estaba de mal humor se negaba a llevarme a los partidos de futbol, y mi mamá tenía que inventarle excusas a mi entrenadora, rogándole que me permitiera quedarme en el equipo.

Entonces mamá comenzó a mentirle a papá, diciendo que yo la acompañaba a las ferias comerciales y, en su lugar, como no podía faltar mucho a la escuela, me dejaba pasar un par de días en casa de Tiffani. Empacaba una maleta con ropa del diario, y en medio guardaba mi uniforme escolar y el de porrista. Mamá me llevaba a casa de Tiffani y luego partía hacia su siguiente feria.

El día del *homecoming* —una festividad estadounidense donde se celebra la bienvenida de los estudiantes nuevos y el reencuentro con los antiguos— no podía arriesgarme a faltar al partido. Mamá le dijo a papá que me iría con ella a trabajar en una feria.

—Está faltando mucho a la escuela, Luisa.

—Está al corriente con sus deberes. Estará bien —respondió mamá mientras terminaba de empacar la joyería de plata.

Era la cuarta feria comercial en la que "trabajaba" con mamá ese otoño.

—¿Qué es lo que sucede aquí? Sam te acompañará a la feria, ¿por qué necesita ir ella también? —preguntó papá.

Intercambié una mirada nerviosa con mamá, mientras me distraía jugando con mi hermano Julio en la sala.

—¿A qué te refieres? Necesito ayuda. Julissa es muy buena

con los clientes —dijo mamá—. Okey, tenemos que irnos. Me espera un largo camino en coche a Dallas.

Besé a papá en la mejilla y dije:

—Nos vemos la próxima semana.

Mamá me llevó a casa de Tiffani y en el camino le pregunté:

—¿Crees que papá sospeche algo?

—No, no. No sabe nada —dijo mamá.

Me dejó en casa de Tiffani con algo de prisa: me dio un beso, algo de dinero y retomó su camino a Dallas.

La cama de Tiffani tenía un colchón que se deslizaba por debajo, así que yo tenía mi propio espacio cuando pasaba la noche en su casa. Por las mañanas nos arreglábamos, desayunábamos en su comedor e íbamos juntas a la escuela. La casa de Tiffani era hermosa. No era una mansión como la de Clara, la chica de España, pero era mucho más grande que nuestro departamento, y estaba limpia y ordenada. Tiffani no compartía su recámara con una oficina, como yo. Mamá guardaba su fax y material de oficina en mi cuarto.

Disfrutaba mucho el tiempo que pasaba en casa de Tiffani, pero al mismo tiempo extrañaba a mis hermanas, sobre todo a Nay. No había visto ni hablado con Nay en meses. Pese a lo difícil que me resultaba vivir con papá en casa, me sentía agradecida de aún vivir con mis papás.

Los papás de Tiffani eran maravillosos conmigo; me hacían sentir bienvenida cuando se sentaban a la mesa, como si fuera la hermana de Tiffani. Nunca los escuché pelear por dinero durante la noche. Cuando estaba en casa de Tiffani me sentía como una típica adolescente de Estados Unidos.

Ese viernes, los papás de Tiffani nos recogieron de la escuela, nos dieron de cenar y nos llevaron al juego de bienvenida. Aún me entristecía el hecho de que Tiffani no estuviera en el equipo conmigo.

—Es injusto que no estés en el equipo —le dije a Tiffani mientras nos arreglábamos en su recámara.

—No es para tanto. Al menos soy parte del equipo de pompones y puedo asistir a todos los partidos, incluso los de visitante —dijo mientras se ataba un listón en la cola de caballo.

Nos subimos a la camioneta de su papá y fuimos al partido de futbol. No sé exactamente qué se apoderó de mí, pero de repente me aterró la idea de que papá supiera que no estaba en la feria con mamá.

Cuando llegamos a la escuela, le dije a Tiffani:

—Creo que papá sabe que estoy contigo, y va a aparecerse en el juego para llevarme a casa.

—¿Qué? Para nada. No sabe que estás aquí. Te hubiera ido a recoger al salir de la escuela —dijo.

Tal vez Tiffani tenía razón, pero no podía sacarme esa idea de la cabeza. Durante la práctica previa al partido estuve sumamente distraída. Sin embargo, en cuanto pisamos el campo de futbol y vi las gradas llenas de estudiantes y papás animando al equipo, abandoné mi miedo. Me uní al resto de las porristas para darle la bienvenida al equipo en el campo.

Papá nunca apareció esa noche. Una parte de mí deseaba que lo hubiera hecho, para apoyarme y sentirse orgulloso de su hija porrista. En cambio, después del juego los papás de Tiffani nos llevaron a Fuddruckers a comer "las mejores hamburguesas del mundo".

PASAN VOLANDO

Cuando mamá se llevaba a Julio con ella a alguna feria, papá y yo pasábamos tiempo en el taller automotriz de uno de sus amigos. El sueño de la infancia de papá era ser dueño de su propio taller mecánico. Yo le decía:

—Cuando sea grande y me vuelva rica, te voy a comprar uno.

Fue en el taller de su amigo donde papá me enseñó a escuchar el sonido de un motor, a detectar una fuga de presión, a resolver un problema con la bomba de aceite y cualquier otra cosa que necesitara saber sobre autos. Yo le ayudaba a cambiar el aceite de su camioneta Ford 1998, el mismo auto que nos había transportado entre México y San Antonio en múltiples ocasiones. Escuchábamos antiguos casetes de José Alfredo Jiménez en la camioneta de papá y compartíamos nuestro gusto por las canciones rancheras que conformaban gran parte de nuestra herencia. Me encantaba ver a papá en acción en el taller. Era su lugar feliz.

Esos eran días buenos, *casi siempre*.

Una tarde, tras cambiarle el aceite a la camioneta de papá, me subí al interior para hacer mi tarea y escuchar el radio, mientras papá jugaba cartas y bebía cerveza con sus amigos. Lo habíamos hecho antes. Él se bebía un par de cervezas y luego pasábamos por el 7-Eleven cerca de nuestra casa. Él compraba un six-pack de cerveza y un Slurpee —una bebida gaseosa congelada parecida al ICEE— para mí, y nos íbamos a casa a ver *Sábado Gigante*, un popular programa de variedad en Univisión.

Sin embargo, ese día fue distinto. Se demoraba en salir del taller y estaba anocheciendo.

Entré al taller y lo encontré dormido. Nunca antes lo había visto tan borracho. Papá bebía prácticamente a diario, pero por lo general era bastante metódico al respecto. Bebía su cerveza, aplastaba la lata y luego la colocaba al otro lado de su silla de la sala. Parecía que siempre tenía todo bajo control. Había caras nuevas en el taller que yo nunca había visto. No me gustaba la forma en que esos hombres me miraban. Me ponía la piel de gallina.

—Papi, ya oscureció allá afuera. Tengo hambre —dije, sacudiéndolo para despertarlo y guiarlo hacia la camioneta.

Lo dije en voz alta, para que los hombres supieran que era mi papá y que no estaba sola. Llevábamos unos minutos dentro de la camioneta cuando recobró la conciencia y me exigió que le explicara por qué se encontraba en el asiento del copiloto.

—Bebiste demasiado, papi.

—Lo siento —dijo.

Buscó las llaves en su bolsillo y le recordé que la camioneta ya estaba encendida.

—Muy lista —dijo—. Mantener el radio prendido por tanto tiempo hubiera agotado la batería si el motor no estuviera encendido.

Sonreí al sentir que estaba orgulloso de mí. Estaba demasiado borracho como para manejar, pero los hombres me estaban poniendo muy nerviosa. Quería irme a casa. Me senté en el asiento del conductor por un largo rato, antes de finalmente decidir que lo mejor era que yo fuera manejando a casa.

Papá me había enseñado a conducir alrededor de nuestro complejo de departamentos. Con seguridad podía manejar un par de kilómetros.

Tenía trece años.

Me incliné sobre él para ponerle el cinturón de seguridad. Luego me puse el mío y ajusté los espejos. A pesar de que el motor estaba encendido, podía escuchar mi corazón —*bum, bum, bum*—. Sentía como si se me fuera a salir del pecho. Puse reversa y me incorporé a la calle sin problemas. Pero cuanto más lejos conducía, más asustada me sentía.

Llegamos al primer semáforo. Estaba en rojo. Me detuve

y observé cómo los autos pasaban volando en el cruce frente a mí. Sujeté el volante con fuerza, como si mi vida dependiera de ello. En ese momento papá abrió los ojos y se dio cuenta de que yo era quien conducía a casa. Pensé que estaría furioso, pero me dijo que mantuviera la calma, y comenzó a mascullar instrucciones, como si se tratara de una lección de manejo cualquiera.

El semáforo se puso en verde, pisé el acelerador y cruzamos la avenida sin contratiempos. Por fin llegamos a casa. Ayudé a papá a sentarse en su silla de la sala y me dio un fajo de billetes.

—Pídete una pizza.

FIESTA DE QUINCEAÑERA

Aris se casó en México cuando yo estaba a punto de terminar segundo de secundaria. Todos viajamos a Taxco para verla decir: "Sí, acepto". Con su vestido blanco de novia, me recordó cuán hermosa lucía con su vestido rosado con bordados en su fiesta de quince años. Yo aún conservaba la muñeca Barbie que decoró la cima de su pastel; viajó conmigo a Estados Unidos. Mamá había hecho lo imposible por encontrar una Barbie de cabello negro. Cuando Aris cumplió quince años, en la década de 1980, las muñecas Barbie de distintas etnias eran una rareza.

No permanecimos mucho tiempo en Taxco. Pocos meses después comencé la preparatoria, en una pequeña escuela católica privada. No sabía lo que me depararía el destino durante los próximos años. Lo único que ansiaba, al cabo de tres años en Estados Unidos, era mi fiesta de quince años. Imaginaba la iglesia vívidamente adornada con hermosas rosas rojas, y me visualizaba girando alrededor de la pista al bailar el vals. Sonreí de solo pensarlo, sabiendo que pronto llegaría el momento. Era consciente de que aún teníamos problemas económicos, sobre todo después de la boda de Aris, dado que mis papás habían utilizado el poco dinero que tenían ahorrado para pagarla. Por esa razón, yo temía tocar el tema con ellos. Pero un día, poco después de cumplir catorce años, no pude contenerme más.

Mamá estaba sentada en la mesa del comedor revisando algunas cuentas cuando dije, con una enorme sonrisa en el rostro:

—Mamá, pronto tenemos que empezar a planear.

Mamá sabía exactamente a lo que me refería.

Había soñado con mi fiesta de quince años desde que tenía tres años, al igual que muchas chicas mexicanas. Imaginaba un festejo de cumpleaños único que representara el haber dejado atrás la niñez para convertirme en una joven mujer. Múltiples imágenes y recuerdos de las fiestas de quince años de mis hermanas servían como recordatorios constantes de cuán hermoso sería mi gran día.

—Aún hay tiempo, tenemos tiempo. Lo discutiremos después —dijo mamá.

Conocía la situación económica de mis papás, y sabía que su falta de presupuesto era el motivo por el cual mamá no quería hablar al respecto. Los había visto trabajar muy duro durante los últimos tres años, esforzándose por saldar la deuda de la plata robada.

"¿No se suponía que Estados Unidos era la tierra de las oportunidades? ¿Por qué el dinero seguía siendo un problema?".

Traté de que la situación no me molestara. Estaba segura de que a mamá se le ocurriría algo. Siempre tenía una solución para todo. Me había prometido una fiesta como la de Aris, y siempre cumplía sus promesas, excepto aquella vez que no llegó a verme en la escolta, pero eso había sucedido hacía muchos años. Confiaba en que muy pronto comenzaríamos a planear todo.

A fin de reducir la preocupación de mamá con respecto al costo de la fiesta, comencé a telefonear a algunos parientes en México sin que ninguno de mis papás lo supiera.

Una tarde, cuando me encontraba sola con Julio en casa, marqué a casa de mamá Silvia.

—Hola, mamá Silvia —dije en cuanto contestó.

—¿Natzely? ¿Cómo estás? —preguntó mi abuela, sorprendida de que le llamara.

—Mamá Silvia, el próximo año voy a cumplir quince años y quiero que mi fiesta sea en México. Como bien sabes, mis papás aún están batallando con el dinero, así que me preguntaba si podrías cooperar para mi fiesta.

—Por supuesto que sí, mija. Yo puedo ayudar a pagar la comida. Llámales a tus tías y pídeles que sean tus madrinas para el pastel y la música —dijo.

Cuando colgamos, les llamé a mis tías y les pregunté si querrían ser mis madrinas, tal y como lo sugirió mi abuela. Una acordó ser la patrocinadora del pastel, otra, de la música y el tío Alex accedió a pagar el salón. El tío Mike estuvo de acuerdo en cubrir el resto de los gastos. Imaginé cuán agradecidos estarían mis papás cuando supieran que yo había encontrado la manera de ayudarlos a ahorrar dinero para mi fiesta.

Pasaron varias semanas y mamá nunca sacó el tema. Así que en cuanto llegó a la casa después de uno de sus viajes, comencé a hablarle sobre mis planes.

—He estado pensando que me encantaría celebrar mi fiesta de quinceañera en México, puesto que ahí es donde se encuentra toda nuestra familia. Quizás en el Hotel de la Borda, como la de Aris, ya que es un lugar muy bello. Y…

—Estoy cansada, ahorita no, ¿okey? —dijo—. Sabes que no tenemos suficiente dinero.

—Lo sé, pero estaba pensando que tío Mike y mamá Silvia podrían ayudarnos.

—Tu abuela y tu tío ya nos ayudan con tus hermanas —dijo mamá.

—Los llamé por teléfono y dijeron que con gusto me ayudarían.

Papá suspiró:

—Ay, mija.

Mamá cerró los ojos y los apretó con las palmas de sus

manos. Lucía muy triste. Me arrepentí de haber sacado el tema a colación.

—Te prometo que podemos organizar esto sin gastar mucho dinero —dije.

—Tu mamá dijo que no quiere hablar al respecto en este momento —dijo papá.

—Estoy dispuesta a ayudar —imploré—. Y sé que toda la familia ayudará. Estoy segura de ello. Mi vestido no tiene que ser…

—No puedes regresar a México —dijo mamá, quitándose las manos de los ojos y mirándome fijamente.

—¿A qué te refieres? —le pregunté.

—Si viajas a México, nunca podrás regresar a Estados Unidos.

No entendía nada.

—Pero fui a la boda de Aris el verano pasado —dije.

—Tu visa expiró. No puedes regresar a México, y no puedes tener una fiesta de quince años.

—Pero, ¿por qué? —grité.

No podía creer lo que escuchaba.

Sabía que no tenía un número de seguridad social, pero mamá dijo que tenía una visa, que ahora había expirado. Sin ella, ¿podría permanecer en la escuela? De inmediato aparté ese pensamiento de mi mente, puesto que en ese momento lo único en lo que podía pensar era que no tendría una fiesta de quinceañera.

—Lo siento mucho, pero no hay nada que podamos hacer. No puedes tener una fiesta de quince años. Lo siento muchísimo.

—¡Te odio! —grité—. ¡Odio este lugar!

—¡Julissa, siéntate! —gritó papá.

Irrumpí en mi habitación, gritando:

—¿Por qué me trajeron aquí?

Y azoté la puerta. Desde que tenía uso de razón había soñado con mi fiesta de quinceañera, y ahora también me la habían arrebatado.

INDOCUMENTADA

LA NOCHE SIGUIENTE, MIENTRAS ME encontraba recostada en la cama, una nueva serie de preguntas y pensamientos invadió mi mente: "¿Por qué no podía volver a visitar México? Y, si lo hacía, ¿realmente era cierto que nunca podría volver a Estados Unidos?".

Lo único que escuché fue que no podría tener una fiesta de quince años, y no se trataba de una celebración que pudiera organizarme yo sola cuando fuera mayor. No era un momento que pudiera recrear. Desaparecería para siempre.

Era demasiado joven, o quizá demasiado ingenua, para entender que esa noche mamá había compartido un secreto que me definiría y atormentaría durante muchos años. Las consecuencias eran mucho peores que no tener una fiesta. Mi familia estaba en México, pero mis papás estaban en Estados

Unidos. Mi vida estaba en ambos lugares. Tenía que existir alguna forma de darle la vuelta a la situación. ¿Y si los papás de Tiffani me adoptaban? Tal vez eso me convertiría en ciudadana estadounidense de manera oficial. Sin duda, eso solucionaría el problema de la visa. Comencé a pensar en mi visa expirada como un problema que podía resolver por mi cuenta.

Había compartido con Tiffani la devastadora noticia. Ni siquiera tuvo que decir nada. Era evidente que me apreciaba mucho. Era mi hermana, más que mi amiga. Yo sentía que mis propias hermanas estaban a kilómetros de distancia. Casi no hablaba con ellas, sobre todo después que Aris se había casado.

Hablé con los papás de Tiffani cuando los volví a ver, y accedieron a adoptarme si mis papás lo permitían. Tan grande era su amor por mí. Sin embargo, mis papás eran demasiado orgullosos como para dejar que alguien adoptara a su hija, aunque solo fuera para conseguir la ciudadanía estadounidense.

Mis papás carecían de otras soluciones para el asunto de mi visa expirada. Creo que no dimensionaban lo que implicaría ser indocumentada para mi futuro. Sin embargo, *yo* sí lo dimensionaba.

Estaba en la recámara de mis papás viendo la televisión una mañana cuando sintonicé Fox News. Me detuve en ese canal porque la presentadora, una hermosa mujer rubia, hablaba acerca de los inmigrantes mexicanos que vivían en Texas. Yo era una inmigrante mexicana que vivía en Texas.

Escuché horrorizada el reportaje donde la presentadora se refería a los inmigrantes mexicanos sin estatus legal o ciudadanía como "ilegales" o "extraterrestres ilegales". A mis catorce años, estudiando en la preparatoria, era lo suficientemente inteligente como para saber que ahora era uno de ellos.

Ya no solo era "mexicana", algo suficientemente malo a ojos de ciertas personas. También era "ilegal" o, lo que es aún peor, una "extraterrestre ilegal" —un ser proveniente de otro planeta que ni siquiera es humano—. Las noticias hablaban de los "ilegales" como si fueran asesinos o ladrones. Pero yo no era mas que una chica preocupada por no tener un hermoso vestido rosado.

El enojo que sentí en ese momento me provocó ardor en el rostro. Literalmente quería meterme dentro del televisor y gritar:

—¡No soy una extraterrestre!

Cuando pensaba en un criminal, no me imaginaba a alguien como yo. Me imaginaba a una persona que robaba o mataba. No obstante, la gente parecía emplear el término *ilegal* con el mismo tono de desaprobación.

"Si la gente se enterara de mi situación, ¿acaso me trataría así?", pensaba.

Yo no me sentía ilegal. No creía que nadie sospechara nada. Tener una visa expirada no me hacía sentir como una criminal. Pasé de la secundaria a la preparatoria sin mayores contratiempos, como cualquier otro estudiante. Tenía buenas calificaciones y apenas tenía acento, por lo que nadie sospechaba nada, y muy pronto quedó claro que la situación debía mantenerse así.

—No le puedes decir a nadie —me advirtió mamá—. Si alguien se entera, podrían deportarte.

La deportación implicaba ser separada de mis papás y mi hermanito. Tendría un expediente criminal en Estados Unidos. Podría acabar en un centro de detención, una especie de prisión para hombres, mujeres y niños indocumentados. Asegurarme de nunca hablar sobre mi visa expirada o mi estatus migratorio se convirtió en el principal tema de conversación de ahí en adelante. No quería ser deportada. No quería que me separaran de mis papás. Sin importar cuán mal estuvieran las cosas a veces, ellos eran mis papás y yo los amaba. Estados Unidos era mi hogar.

Pronto mis propios padres comenzaron a usar mi estatus migratorio como una amenaza:

—No vayas a romper ninguna ley, Julissa. Te deportarán.

Cuando era pequeña solían amenazarme con "la Llorona", la versión mexicana del coco. Conforme fui creciendo, me di cuenta de que la Llorona no existía, pero la migra o ICE (Servicio de Inmigración y Control de Aduanas de Estados Unidos) no era un mito para atemorizar niños. La migra era real, y mucho más aterradora que cualquier otro monstruo.

TRAICIÓN

MAMÁ ME PERMITIÓ ACOMPAÑARLA A una de las ferias comerciales donde trabajaba, lo suficientemente lejos como para que necesitáramos tomar un avión. Podíamos llevar cuatro piezas de equipaje de mano llenas de plata. Sam no viajó con nosotras esta vez, pero nos ayudó a empacar y se encargó de nuestro itinerario. Era una feria grande y llevamos mucha más plata de lo habitual, lo cual implicó que tuviéramos que despachar una maleta grande llena de joyería, que iría en la cabina del avión.

Cuando aterrizamos en San Antonio, de regreso, bajamos del avión y nos dirigimos a la zona de equipaje. Las maletas del resto de los pasajeros ya circulaban en la banda. Esperamos, viendo cómo todos recogían sus bultos y abandonaban la zona, pero nuestro equipaje —la maleta grande llena de miles de dólares en prendas de plata— nunca apareció. Mamá entró en pánico. Caminaba frenéticamente de un lado al otro, y su rostro había palidecido.

—Mamá, ¿estás bien?

—Sí, sí, estoy bien —dijo.

—Tal vez deberías sentarte —dije, al notar que se veía muy débil—. Mamá, ¿crees que sea una coincidencia que nuestra maleta llena de plata haya desaparecido? Alguien tenía que saber que debía llevarse *esa* maleta.

La aerolínea estaba segura de haber retirado la maleta del avión. No estaba perdida. No había sido enviada a otro aeropuerto por error.

—Mamá, la única otra persona que sabía cuándo aterrizaríamos era Sam —dije.

Mamá me miró perpleja.

—No, él nunca haría eso.

Yo insistí en que no era un error. Nadie se había llevado esa maleta por accidente.

Cuando papá llegó a recogernos no podía creerlo. Estaba furioso. No con mamá o conmigo, sino con la vida.

—¿Por qué siempre nos sucede esto? —dijo en voz alta.

Mamá no quería llamar a la policía. Tendría que servir como su traductora, y ella temía que los oficiales me pidieran una identificación, o que preguntaran sobre mi estatus migratorio.

—Pero, mamá, no hicimos nada malo —le expliqué.

Por fin interpusimos una denuncia con la policía, y la

investigación los condujo a casa de Sam, en nuestro complejo habitacional. Después de que los policías aparecieran en casa de Sam, él fue a nuestro departamento a rogarles a mis papás que no presentaran cargos en su contra.

Papá abrió la puerta, pero no dejó entrar a Sam.

—Julio, por favor, no presenten cargos en mi contra. Por favor, les pagaré lo que les debo. Lo siento mucho —dijo, llorando.

Le entregó a papá una pequeña caja con joyas. Había vendido casi todo lo que había robado por una módica cantidad de dinero.

Papá tomó la caja y cerró la puerta sin decir palabra.

Mamá se rehusó a presentar cargos. Él era un amigo, dijo. Un amigo *confiable*. Insistió en que no podía hacerle eso a Sam.

—No puedo imaginármelo en la cárcel.

Poco a poco, mis papás se fueron dando cuenta de que Sam les había estado robando durante años. Conocía sus rutinas de viaje, y todo sobre ellos. Cabía la posibilidad de que también hubiera sido responsable del robo en aquel comedor de Laredo donde mis papás habían parado años atrás. No es que alguien hubiera roto la ventana de la camioneta con un ladrillo y se hubiera robado unas cuantas piezas, sino que habían retirado la ventana y se habían llevado absolutamente todas las cajas. *Tenía* que haber sido obra de Sam. Comencé a preguntarme cuánta plata había desaparecido a lo largo de los años. Estaba furiosa de que mamá lo dejara salirse con la suya, pero al mismo tiempo me sorprendió su compasión y su capacidad de perdonar.

A veces, cuando veo fotografías de Sam con mi familia, siento unas ganas tremendas de romperlas. ¿Acaso consideró por un segundo los problemas que causó? ¿Supo cuánto estrés provocó? ¿Pensaba en lo que nos había hecho? ¿A mí? Sam había sido como un tío para mí. Nos cuidaba a Julio y a mí cuando mis papás estaban fuera. Cuando me sentía molesta con papá, recurría a Sam. No solo hirió a mis papás, también me traicionó a mí.

Sam merecía ir a la cárcel, y eso me dolía cada vez que el estrés de papá emergía en un arrebato de ira. El mal genio y el alcoholismo de papá empeoraron. Pese a que intentaba dejar de beber, no podía. Era alcohólico. Mamá pidió una intervención con el pastor de nuestra iglesia. Vino a la casa, habló con papá y le ofreció ayuda. Pero el alcoholismo es una enfermedad y, sin el tratamiento adecuado, siempre recaía.

Comenzó a gritar cada vez más alto y a golpear cada vez más fuerte. Me juré a mí misma que no lo toleraría. Empecé a amenazarlo:

—¡Si me pegas, voy a llamar al 911!

Sin embargo, yo utilizaba esa amenaza con la policía al igual que mis papás utilizaban a la Llorona. Era una amenaza vacía. Él era mi papá y yo lo amaba incondicionalmente, a pesar de su enfermedad.

NUEVOS COMIENZOS

Un fin de semana, mientras lavaba la ropa, Sam entró a la lavandería comunal y sus ojos se abrieron como platos al verme a través de sus lentes gruesos. Estaba parado en la puerta con su canasta de ropa sucia, decidiendo si entrar o no.

Antes de que pudiera decidir, dije:

—No puedes entrar aquí. No se permiten ladrones en la lavandería.

Toda su cabeza se tornó de color rojo. Permaneció de pie en la puerta por un segundo, luego se dio media vuelta y se fue. El corazón me latía con fuerza, y en cuanto él salió de ahí comencé a sollozar. Aventé la ropa en la canasta y esperé hasta que Sam desapareciera de mi vista para regresar a nuestro departamento.

Cuando llegué a casa, le dije a papá:

—Vi a Sam en la lavandería y le dije que no se permitían ladrones ahí.

—No le hubieras dicho nada. Ni siquiera merece que lo volteemos a ver.

—¡No sé por qué seguimos viviendo aquí! Vamos a cruzarnos con él todo el tiempo.

—Lo sé. Ya le dije a tu mamá que debemos mudarnos.

Un par de semanas después, papá se encontró a Sam en el estacionamiento. Verlo caminar como si nada era echarle limón a la herida. Continuamente les pedía a mis papás que nos mudáramos lejos de Sam, y finalmente accedieron.

La nueva casa no era elegante, pero tenía un patio y tres recámaras y estaba en un buen vecindario, lejos de Sam.

Después del robo de Sam en el aeropuerto, mamá dejó de asistir a ferias comerciales porque no podía pedir otro préstamo para comprar más joyería. Las acciones de Sam no solo nos obligaron a vivir en otra parte de la ciudad, sino que también forzaron a mamá a buscar una nueva manera de mantener a nuestra familia.

En lugar de participar en ferias comerciales, mis papás comenzaron a vender el resto de la plata en pequeñas ferias y festivales. Sin embargo, no ganaban suficiente dinero.

—¿Qué vamos a hacer ahora? —le pregunté a mamá una tarde después de abrir la correspondencia y hallar una carta amenazante de nuestro casero, porque no habíamos pagado la renta a tiempo.

—No te preocupes, mija. En realidad, el dinero no es un

problema. Siempre puedes trabajar más duro para conseguir más. Encontraremos la manera de hacerlo —dijo.

Mamá vio la cantidad de *funnel cakes* —un postre parecido a los buñuelos— que se vendían durante nuestros viajes a Six Flags, y decidió comenzar a venderlos en los festivales. Un fin de semana, mamá y yo nos subimos al auto y condujimos al distrito de suministros para restaurantes, en San Antonio.

—Mamá, ¿cómo diste con este lugar? —pregunté cuando arribamos a un enorme estacionamiento rodeado de almacenes.

—Pregunté en todos lados hasta que alguien me dijo dónde podía conseguir una freidora —dijo.

Siempre me ha impresionado la capacidad de mamá para hallar soluciones a cualquier problema. Entonces no existía Google, y ella ni siquiera hablaba bien inglés, pero de alguna manera resolvió. No teníamos suficiente dinero para comprar un camión de comida, de esos que son tan populares y están de moda hoy en día, así que solo compramos una freidora. La subiríamos a la parte trasera de la camioneta de papá para llevarla a los festivales. Más adelante mamá también compró una máquina para tostar elotes. La masa y el maíz eran alimentos baratos, lo cual significaba que podíamos obtener una buena ganancia por cada buñuelo y elote tostado que vendiéramos, pero teníamos que vender muchos para ganar el dinero suficiente. Eso implicaba largas jornadas de trabajo, ropa con olor a grasa y quemaduras ocasionales provocadas por el aceite de la freidora. Sin embargo, nada de eso detuvo a mis papás. Nunca escuché a mamá quejarse.

—Mamá, trabajas mucho. ¿No te cansas? —le pregunté.

—Estoy agradecida. Mucha gente no tiene trabajo —dijo.

Odiaba ver cuán duro trabajaba, y a veces obtenía poco dinero de los festivales. Pero la única ventaja de la traición de Sam fue que mamá pasaba más tiempo en San Antonio.

Entre semana, al salir de la escuela, ayudaba a mamá en el Fort Sam Houston, una base militar que tenía un centro comercial llamado PX, donde vendíamos joyería de plata. Durante los fines de semana, trabajábamos en Market Square, un mercado al aire libre en San Antonio donde vendíamos buñuelos, licuados, tacos y cualquier otra cosa que pudiéramos cocinar.

La prioridad de mis papás era mantenernos y encaminarnos hacia el éxito. Mientras ganaran dinero de forma honesta, desempeñarían cualquier trabajo. A mamá le importaba muy poco ser un estereotipo —una mujer mexicana que vendía tacos— porque con el dinero que ganaba mantenía a su familia, y eso era lo importante.

Durante una de mis llamadas esporádicas con Nay, dijo:

—Toda la familia piensa que deberían regresar a Taxco. ¿Qué hace mamá vendiendo *tacos*?

—No saben cuán duro trabaja mamá para pagar todo —dije.

—Mamá no paga todo. Mamá Silvia paga mi colegiatura —se quejó Nay.

Mi familia en México chismeaba al respecto como si fuera algo malo:

—Ahora Luisa está vendiendo *tacos*.

Como si eso implicara un fracaso. A mamá no le importaba. Esa es una de las muchas cosas que admiro de mis papás. Trabajaban duro y ningún empleo honesto estaba por debajo de ellos.

LOS SPURS DE SAN ANTONIO

Algo que en verdad amaba de San Antonio era cómo toda la ciudad apoyaba a los Spurs, el equipo local de la Liga Nacional de Básquetbol (NBA). Resultaba fácil enamorarse de la escuadra.

Aunque era imposible conversar con mis amigos sobre varias de las referencias de la cultura popular estadounidense, pues tenía prohibido ver cosas como MTV, sí podía hablar sobre Avery Johnson, Sean Elliott, Tim Duncan y David "el almirante" Robinson. Mi amor por los deportes logró que me sintiera parte de Estados Unidos.

Durante la temporada del campeonato de 1999, mis papás derrocharon un poco de dinero y me permitieron llevar a Julio a un juego de los Spurs. No nadábamos en dinero, pero tras iniciar la venta de buñuelos las cosas mejoraron.

Papá nos dejó a Julio y a mí a unas cuantas cuadras del Alamodome, la arena donde jugaban los Spurs en aquel entonces.

—Los recogeré en este mismo lugar cuando termine el partido. Diviértanse —dijo.

Puse en práctica todas las técnicas de negociación que había aprendido de mamá y conseguí una gran oferta por un par de boletos. Sentada en el estadio, rodeada de miles de aficionados de los Spurs, podía olvidarme de ser "ilegal". No era más que una chica estadounidense común y corriente que amaba los deportes.

Cuando llegamos a nuestros asientos, descubrí que estábamos a tres filas de la cancha.

—¡Guau! ¿Estos son nuestros asientos? —Julio preguntó, incrédulo.

—¡Ya sé! ¡No puedo creerlo!

Estábamos sentados junto a una familia de cuatro personas. Parecían la versión blanca de nuestra familia. Julio se percató de ello y dijo:

—Desearía que mamá y papá hubieran venido con nosotros.

Pero solo nos alcanzaba para dos boletos.

Los Spurs jugaban contra los Trail Blazers de Portland, y hasta el momento el partido era bastante malo. Perdíamos por dieciocho puntos hacia el inicio del tercer cuarto.

—¿Para qué vinimos? Este juego apesta —dijo Julio.

—Bueno, pues no sabíamos que iban a perder. Pero aún hay tiempo, todavía podemos ganar.

—¿Cómo? ¡Estamos perdiendo por una diferencia de dieciocho puntos!

Entonces los Spurs tuvieron su segundo aire y comenzaron a remontar en el marcador.

Cada vez que anotaban los Spurs, Julio y yo chocábamos las manos, entre nosotros y con la gente que nos rodeaba. La mamá que se encontraba sentada junto a mí dijo:

—Tu hijo es tan lindo.

—Es mi hermano.

Julio tenía siete años, pero era muy alto para su edad. Parecía como si tuviera nueve años.

"¿Cómo puede pensar que es mi hijo?".

En verdad, deseaba que mis papás hubieran ido al partido con nosotros.

El juego se puso muy emocionante, sin embargo, dejé de chocar la mano con la mamá.

Cuando quedaban doce segundos y los Spurs perdían por dos puntos, Sean Elliott anotó un tiro triple y estuvo a punto de salirse de la cancha. ¡Ganamos por un punto! El Alamodome estalló en locura. Todos brincaron de sus asientos y comenzaron a cantar: "¡Vamos, Spurs, vamos!". En un punto, Julio se emocionó tanto que se quitó su jersey favorito de David Robinson y comenzó a agitarlo sobre su cabeza. De algún modo, en el tumulto, perdió su camiseta y comenzó a llorar a todo pulmón.

—No llores, Julio, acabamos de ganar un gran partido.

—Pero mi jersey, quiero mi jersey —dijo entre sollozos.

Cuando terminó el juego nos quedamos a buscar su camiseta, mientras el público salía del estadio. Un acomodador vio que Julio lloraba y preguntó qué le sucedía.

—Mi hermanito perdió su jersey favorito de David Robinson —le expliqué.

—¡Oh, no! Vengan conmigo.

El acomodador nos dio una camiseta nueva y nos condujo hacia los vestidores, que se encontraban en el piso de abajo. Esperamos durante casi una hora a que los jugadores se ducharan y abandonaran los vestidores. Durante todo ese tiempo yo solo pensaba: "Papá va a estar muy molesto. Seguro está muy preocupado por nosotros. Nunca volveré a ir a un partido de los Spurs".

Finalmente, David Robinson, Sean Elliott y Tim Duncan salieron de los vestidores y chocaron sus manos contra las nuestras. David Robinson incluso firmó el jersey de Julio. No pudimos fotografiarnos con los jugadores, ya que en ese entonces no existían los teléfonos celulares con cámara, pero siempre recordaré ese día.

Cuando por fin salimos hacia donde se encontraba el coche de papá, estaba furioso.

—Lo siento mucho, pero mira —dije, mostrándole la camiseta recién firmada de mi hermano.

Entonces papá se emocionó tanto como Julio y yo. Todo el mundo en San Antonio ama a los Spurs.

NO ERA PARA MÍ

MI VIDA ESCOLAR ERA MISERABLE. Había esperado que el acoso de la secundaria no me siguiera hasta la preparatoria, pero me equivoqué. En la secundaria, las chicas se burlaban de mi almuerzo o de mi cabello largo. Ahora estaba rodeada de chicas que no tenían nada mejor que hacer que llamarme "gorda". Un día estaba en los vestidores cambiándome para la clase de Educación Física. Cuando me estaba quitando la camiseta, una chica que se encontraba parada junto a mí se empezó a reír.

—¿Por qué te ríes? —le pregunté.

Yo ya no era la misma chica callada que solía dejar que las personas le hicieran burla. Ahora hablaba inglés y me defendía.

—¡Tu lonja! —dijo la chica.

—Se llaman curvas. Qué pena que tú no tengas ninguna —le dije, cerré mi casillero y salí corriendo al baño.

Esa era otra de las razones por las que la escuela privada no era para mí.

Creo que mamá pensaba que si yo asistía a una escuela pública no recibiría una educación de calidad o me metería en problemas. Sin embargo, la escuela pública a la cual hubiera asistido era una gran institución, y ofrecía más clases de nivel universitario que mi escuela preparatoria privada.

Más adelante, durante el año escolar, transfirieron a una bonita chica rubia llamada Amy a nuestra clase de segundo año. Durante la clase de Salud hizo una presentación sobre los desórdenes alimenticios y cuán peligrosos eran. Dijo:

—El acoso escolar contribuyó a mi desorden alimenticio. Por favor, sean amables los unos con los otros.

Después de la clase, me acerqué a ella y le dije:

—Amy, gracias por compartir. Siento mucho que hayas tenido que pasar por eso.

—Gracias, Julissa. Qué linda.

Fui especialmente amable con ella, pues pensé que tal vez necesitaba una amiga. Un par de semanas después, al terminar el día de clases, la vi en el pasillo cerca de los casilleros. Me le acerqué y la saludé.

—Guácala, yo no hablo con gordas —dijo.

Todas las chicas presumidas a nuestro alrededor comenzaron a reírse.

Entonces le respondí:

—Perdón, yo podré estar gorda, pero al menos soy feliz.

Yo no me sentía gorda, pero quería que Amy supiera que, aunque ella pensara que yo estaba gorda, me sentía feliz con mi aspecto.

—Tengo que salirme de esta escuela —le rogaba a mamá casi todos los días—. Batallas para pagar mi colegiatura. La escuela pública sería mucha mejor opción. Por favor, mamá.

Mi educación, y tener éxito en la vida, era mucho más importante para ella que el dinero que costara. Sin embargo, mamá se dio cuenta de cuán infeliz me sentía, y accedió a inscribirme en la escuela pública. Resultó que no necesitaba un número de seguridad social para enrolarme en la escuela.

Decidí empezar con el pie derecho en la Escuela Preparatoria Roosevelt. En lugar de tratar de encajar, decidí ser yo misma. Ese verano hice una prueba para el equipo de baile escolar. Esa vez supe exactamente cómo vestirme, no como durante mi prueba para el equipo de porristas en la secundaria, cuando usé shorts y una playera. Conseguí entrar al equipo, y cuando conocí a las integrantes antes del comienzo de las clases, de inmediato me aceptaron. Al instante supe que esa experiencia sería muy distinta de la escuela católica.

Resultó evidente desde el primer día que no era una escuela conformada exclusivamente por chicos adinerados. Algunos iban en autobús, aunque también había autos súper elegantes aparcados en el estacionamiento. Además, había estudiantes de todas las razas y etnias. Al instante me sentí como en casa. La experiencia de la escuela pública me deslumbró por completo.

La primera vez que vi a Chris, estaba con mis compañeras del equipo de baile en la cafetería, un par de semanas antes de que empezaran las clases. Recién habíamos concluido nuestro ensayo, y él salía de la oficina administrativa. Tenía de blanco y de afro-americano, y su cabello era rizado, con las puntas decoloradas. Traía una mochila de malla roja. Me incliné sobre mi amiga Latoya para preguntarle:

—¿Quién es él?

Y ella dijo:

—Amiga, a todas les gusta Chris.

El único pensamiento que cruzó por mi mente fue: "Yo nunca le gustaré a él".

Unos diez minutos después de que comenzara la clase de historia ese primer día de clases, un estudiante entró tarde al salón. Levanté la mirada de mi pupitre, vi que era Chris y mi corazón comenzó a latir aceleradamente.

Había algunos lugares disponibles en el salón, pero él se sentó en el escritorio que estaba justo frente al mío. En ese momento, estaba segura de que asistir a la escuela pública era lo mejor que me había sucedido en la vida.

Chris estaba en el equipo de béisbol, y era muy simpático. A la gente realmente le agradaba. A mí me agradaba mucho. Mis papás no me permitían salir con chicos, así que me dediqué a conocerlo hablando con él por teléfono y en la escuela. Por las noches, me llevaba el teléfono a escondidas a mi recámara para poder hablar con él. Dado que nuestro teléfono se encontraba en la cocina, tenía que esperar hasta que mis papás se durmieran para jalar el cordón por la puerta corrediza hacia el patio trasero, darle la vuelta a la casa y entrarlo por la ventana de mi cuarto. Julio y yo compartíamos habitación y nunca me delató. Ni una sola vez.

Una noche, mientras hablaba con Chris, papá escuchó mis risas e intentó abrir la puerta de nuestro cuarto.

Yo había cerrado la puerta con llave.

—¡Abran la puerta! —gritaba cada vez más molesto.

Entonces Julio abrió la puerta. Yo colgué el teléfono sin despedirme.

—¿Con quién hablas? —preguntó papá.

—Me está contando chistes —dijo Julio.

—Ah —dijo papá—. Bueno, entonces…

Siempre estaré en deuda con Julio por eso.

Quería contarle a Chris todo acerca de mi pasado, y la incertidumbre de mi presente. Él me habló sobre el cáncer de su mamá y el pasado de su papá, así que yo quería decirle que era indocumentada, y cuán aterrada me sentía todos los días de que alguien lo descubriera. Tenía miedo de ser deportada y separarme de mi familia. Sin embargo, continuaba escuchando las palabras de mamá una y otra vez:

—No puedes decirle a nadie.

Una vez, Chris me invitó a la fiesta de un amigo suyo un viernes por la noche. Yo quería ir, pero sabía que mis papás no me lo permitirían. Conforme transcurría el día en la escuela, comencé a enojarme pensando en lo estrictos que eran mis papás. Ni siquiera me dejaban ir al cine con amigos. Sentía como si estuviera encerrada en una jaula. Necesitaba escaparme.

Papá me recogía todos los días al término de mi entrenamiento de baile. Sabía que se presentaría y yo no estaría ahí. Me sentía sumamente nerviosa de tan solo pensar cuán enojado se pondría. Sabía que desobedecer a mis papás estaba mal, pero también me parecía injusto que nunca me dejaran salir a ningún lado.

Falté a la práctica de baile y me fui con una amiga. Cuando llegué a su casa, llamé a mamá. No quería que se preocupara. Sin embargo, era demasiado tarde.

—Tu papá se está volviendo loco. Estaba muy preocupado por ti. No te encontró en la escuela y no fuiste al entrenamiento de baile. ¿Qué te pasa? —preguntó mamá, muy molesta.

Le dije que me encontraba bien y que llegaría a casa después de la fiesta.

—No, no vas a ir. ¿Dónde estás? —preguntó con voz severa—. Pásame la dirección. Vamos a ir por ti.

No le dije a mamá en dónde me encontraba. Solo le aseguré que no estaba huyendo de casa y que tenía muchas ganas de ir a la fiesta. Luego colgué.

Mis papás tenían identificador de llamadas en su teléfono, algo que no contemplé, así que marcaron al número de mi amiga. Entonces mi amiga y yo desconectamos el teléfono. Para ese entonces ya había varios amigos con nosotros. Estaban preocupados.

—¿Estás segura? ¿Estás segura de que esto está bien? —me preguntaron en repetidas ocasiones.

Sabía que no estaba bien, pero dije:

—Sí, está bien.

Cuando llegamos a la fiesta, estaba atestada de gente —incluyendo a Chris. En cuanto me vio, la cara se le iluminó y esbozó una gran sonrisa. Yo nunca había sido el tipo de persona a la que invitaban a las fiestas en mis otras escuelas. Ahora me invitaban a todas las fiestas y, por primera vez, estaba en una de ellas.

Chris y yo comenzamos a bailar y me sentí en las nubes. Cualquier pensamiento relacionado con mi estatus migratorio, el enojo de papá o las chicas groseras de mi antigua escuela desapareció de mi mente.

Entonces apareció la policía.

Alguien detuvo la música y gritó:

—¡Corran!

Todos se dispersaron. Chris y yo corrimos por el patio trasero hasta una cerca, que brincamos, y doblamos por un callejón. Nadie nos perseguía, así que disminuimos la velocidad, pero yo tenía pánico. Chris no entendía por qué estaba tan preocupada.

—Lo peor que puede pasar es que llamen a tus papás o te pongan una multa —dijo.

"Voy a ir a prisión y me van a deportar, y mi vida terminará".

Nunca le conté a Chris el motivo de mi miedo. Solo dije:

—No puedo recibir una multa.

Desde que mamá me había dicho que era indocumentada dos años atrás, había pasado cada minuto siendo sumamente consciente de cada cosa que hacía y decía, a fin de que nadie descubriera que estaba en el país de forma ilegal. Me sentía estresada todo el tiempo. Cualquier movimiento en falso podía provocar que me sacaran del país. Y mis papás no me permitían olvidarlo.

Chris logró que alguien nos llevara a casa, y mientras viajaba en el auto junto a él me hice a la idea que habría ocasiones en las que simplemente tendría que vivir mi vida. Y en esos momentos, si me atrapaban, entonces me atrapaban. No podía vivir mi vida entera en una jaula. Si no me arriesgaba, no me sentiría viva.

No recuerdo si esa noche papá me golpeó, o si me castigaron.

El lunes, en la escuela, me dirigí a mi casillero para dejar mis libros y encontré una nota de Chris, perfectamente doblada: "Quiero estar contigo".

REUNIDOS

Aris llevaba un par de años casada cuando se mudó a San Antonio con su esposo, Víctor. Se mudaron con nosotros mientras ahorraban dinero para conseguir su propio lugar. Por un tiempo, papá dejó de beber, gritar y pegarme. Creo que quería comportarse lo mejor posible frente a mi hermana y su esposo.

Después de unas semanas de vivir con nosotros, le confesé a Aris que tenía novio y le conté todo acerca de Chris. Estábamos en la sala, una tarde, mientras papá y Víctor arreglaban la camioneta afuera.

—Hemos estado saliendo durante un par de meses, pero odio que ni siquiera puedo ir al cine con él —le dije.

—Papá es muy estricto. A mí tampoco me dejó tener

novio. Nunca me habría casado con Víctor si papá hubiera vivido en México —bromeó.

Nunca había sido muy cercana a Aris de niña, cuando vivía en México. Nuestra diferencia de edad —diez años— hacía que tuviéramos muy pocas cosas en común. Pero ahora yo era adolescente. Podía confiarle cosas a mi hermana, y ella estaba más que feliz de escuchar y ayudar.

Mis amigos en la escuela sabían que yo tenía prohibido tener novio, y querían ayudarme a salir con Chris. El plan era convencer a papá de que me dejara ir al cine. Todos mis amigos estarían ahí, pero entrarían a una película distinta para que Chris y yo pudiéramos tener un rato a solas. Aris fue la que ideó el plan, y se ofreció a llevarme en el auto.

Una noche de viernes le rogué a papá que me dejara ir al cine. No estaba segura de que el plan fuera a funcionar.

—Papá, no seas tan malo. Déjala ir. Yo la llevaré —Aris intervino.

—Está bien, pero solo esta ocasión.

No podía creer que papá me hubiera dejado ir al cine. Aris me llevó y dijo que me recogería a las 10:00 p.m., una hora después de que terminara la película.

—Podemos dejar a Chris en su casa después de la película. Quiero conocerlo —dijo.

—Muchísimas gracias, Aris. Te amo.

Mis amigas partieron al finalizar la película. Chris y yo caminamos al salón de videojuegos contiguo al cine, y esperamos a que Aris nos recogiera. A las 10:00 p.m. en punto divisé la camioneta negra SUV de mis papás acercándose por el estacionamiento. Papá venía manejando.

Solté la mano de Chris y de inmediato comencé a sentir como si una especie de líquido caliente resbalara por mi garganta y descendiera hacia mis hombros. Era miedo.

—¿Estás bien? —me preguntó.

—Papá no sabía que vendría al cine contigo. Seguro va a estar muy molesto.

Papá no se detuvo en la acera. Pasó por delante de nosotros, giró a la izquierda y continuó conduciendo por el estacionamiento. Un minuto después, vi a mamá y a Aris caminando hacia nosotros.

—¿Por qué está papá aquí? —le pregunté a Aris.

—Sabía que algo sucedía. Se rehusó a que yo te recogiera. Volteé a ver a mamá.

—Lo siento. Nunca me hubiera dejado venir —dije.

Chris permaneció de pie, en silencio, junto a mí. Mamá lo volteó a ver y dijo:

—Lo siento. No podemos llevarte a casa —y me dio un billete de veinte dólares.

—Dile que va a tener que tomar un taxi a casa. Tu papá no lo llevará.

Volteé a ver a Chris y traduje lo que mamá acababa de decir.

—Perdóname. Estoy muy apenada —dije.

—No te preocupes. Solo espero que no te hayas metido

en muchos problemas. Nos vemos el lunes en la escuela —dijo, y se inclinó sobre mí para abrazarme.

Yo me alejé, sabía que papá probablemente nos observaba desde el estacionamiento.

Mamá nos guio hasta el auto. Miré a Aris y sacudí la cabeza.

—Lo siento, Juli —dijo.

—Está bien. Solo tratabas de ayudar.

Me subí al asiento trasero. Papá no me dirigió la palabra, pero cuando llegamos a casa se quitó el cinturón.

DINERO EN EFECTIVO

SALÍ CON CHRIS UN PAR de meses, hasta que se mudó. Las vacaciones de Navidad de mi tercer año de preparatoria me dejaron con una sensación de abandono.

Hacía muchos años que mamá no pasaba las vacaciones en México con mamá Silvia y el resto de nuestra familia. Yo no podía regresar, debido a que mi visa había expirado, y tuve que quedarme con papá para trabajar en el puesto de buñuelos durante el año nuevo, una velada que prometía generar mucho dinero por motivo de las festividades, y que no podíamos darnos el lujo de perder. Aris y su esposo también acompañaron a mamá a México, pues sus visas no estaban vencidas.

Papá estaba visiblemente tenso la víspera de año nuevo.

—Pagamos mucho dinero por este permiso. Necesitamos

vender muchos buñuelos para salir a mano —dijo mientras descargábamos la camioneta.

—Ya hay mucha gente aquí, así que venderemos muchos buñuelos —dije, tratando de animarlo.

El negocio arrancó muy lento. Había mucha gente en la plaza donde nos ubicamos, pero nadie se acercaba a comprar buñuelos. Papá caminaba de un lado a otro detrás de la freidora. Podía percibir su preocupación.

Luego, como por arte de magia, los clientes empezaron a formarse para comprar nuestros buñuelos.

Rápidamente pasé de temer que no obtuviéramos suficiente dinero a temer que papá explotara porque la fila era demasiado larga y no diéramos abasto. Necesitábamos ayuda con desesperación. No había manera de que entre ambos pudiéramos atender a esa multitud. Pero era demasiado tarde. No podíamos llamar a nadie. La gente en la fila comenzó a gritarnos:

—¿Por qué no avanzan? ¡Vamos!

Corría frenéticamente entre la freidora y el mostrador, limpiándome el sudor de la frente, tirando azúcar glas por todas partes, ensuciando de grasa y comida los billetes de dólares que daba de cambio.

Entonces advertí un rostro familiar en la fila: ¡Tiffani! No la veía desde que me había cambiado de escuela, pero ella sonrió, comenzó a hacerme señas con la mano y se metió entre la gente para llegar al principio de la fila.

—Parece que necesitas ayuda —dijo.

—¡Hola! Sí, no damos abasto —acepté, dándome la vuelta rápidamente para voltear los buñuelos en la freidora antes de que se quemaran.

—Ahora regreso —dijo Tiffani, y abandonó la fila.

La vi platicar con su papá y luego regresar al puesto, atándose el cabello en una cola de caballo mientras se abría camino entre la multitud.

Y, de pronto, se metió detrás del mostrador, con nosotros.

—Okey —dijo—. Pondré el azúcar glas en los buñuelos y le cobraré a la gente. Julissa, tú prepara los buñuelos. Julio, haz la mezcla.

Miré a papá, preocupada de que se molestara por la forma en que Tiffani irrumpió en nuestro puesto a darnos órdenes. Sin embargo, para mi sorpresa, aceptó la ayuda.

—Okey —dijo papá con una gran sonrisa—. Gracias.

Yo quería abrazarla, pero la fila era demasiado larga como para detenerme.

Tiffani pasó las siguientes tres horas con nosotros, atendiendo a una infinidad de clientes y sufriendo a causa del calor de las freidoras. Con el tiempo hallamos nuestro ritmo, como una máquina bien aceitada o, por lo menos, engrasada. Con la ayuda de Tiffani, en una sola noche habíamos vendido muchos más buñuelos de los que jamás habíamos vendido antes, incluso con mamá.

A la medianoche, Tiffani agarró un puñado de azúcar glas y lo lanzó al aire.

—¡Feliz año nuevo! —exclamó.

Papá se rio y le dio un abrazo.

Poco después de la medianoche, el papá de Tiffani pasó a recogerla.

—¡Gracias! ¡Gracias! ¡Los amo! ¡Gracias! —les dije.

—No hay problema. Y no te desaparezcas, llámame —dijo Tiffani.

Verlos de nuevo me hizo sentir bien, sobre todo porque pude reconectarme con ellos justo al inicio de un nuevo año. No tenía suficientes palabras para expresar mi gratitud, y papá también les dio las gracias.

Una vez más, Tiffani me había salvado. Siempre sería mi hermana estadounidense.

Nos tomó dos horas a papá y a mí limpiar todo esa noche, antes de cargar la camioneta y conducir a casa, y él lucía feliz durante todo ese tiempo.

Cuando llegamos a casa, ambos estábamos demasiado exaltados como para dormir. Estábamos entusiasmados por contar el botín del día.

Papá se sentó en una silla y me lanzó una sonrisa nerviosa mientras yo acomodaba hileras de billetes de uno, cinco, diez y veinte dólares sobre la cama. Aún vestía la misma ropa que olía a azúcar glas, mezcla de buñuelo y grasa. Sin embargo, el olor de esos billetes color verde opacaba cualquier otro.

—Creo que nunca habíamos preparado tantos buñuelos en una sola noche.

—No —dijo papá.

Parecía feliz. Tranquilo. Hacía mucho tiempo que no lo veía así.

Por lo general, tenía una idea clara de lo que ganábamos en un día normal de trabajo, pero al cobrar cinco dólares por un pequeño buñuelo, seis por uno grande y dos dólares por una porción adicional de fresas, había perdido la cuenta esa noche, y contar esos billetes me sorprendió.

—¿Cuánto es? —dijo papá.

—Espera. Tengo que volver a contar —le dije.

Pude notar que la anticipación lo estaba matando. Parecía un niño a la espera de abrir sus regalos de navidad.

Luego de terminar de contar por quinta vez, finalmente le pregunté:

—¿Adivina cuánto dinero ganamos?

—¿Cuánto?

—Anda, ¡adivina!

—¿Un millón de dólares? —dijo lentamente, con una sonrisa.

—Casi —dije—. ¡Diez mil dólares!

Papá abrió los ojos con asombro. Se puso de pie. Agarró un montón de billetes y los lanzó al aire.

—¡Somos ricos! —gritó, saltando en la cama que estaba llena de dinero y ofreciéndome la mano para que lo acompañara.

Me subí a la cama y comencé a brincar con él. Aventamos billetes al aire y los vimos caer sobre la cama mientras gritábamos:

—¡Somos ricos! ¡Somos ricos!

En realidad no éramos ricos, pero esa noche nos sentimos como si lo fuéramos.

Fue un momento de alegría tan raro con papá, que lo aproveché al máximo, como cuando era pequeña.

Si el dinero era lo que hacía sonreír a papá, y ayudaba a que mamá pasara más tiempo con su familia, entonces estaba decidida a salir bien en la escuela, ir a la universidad y conseguir un trabajo increíble donde me pagaran mucho dinero.

ARREPENTIMIENTO

Aquellas noches llenas de risas entre papá y yo no eran más que recuerdos vagos a los que me aferraba con frecuencia. Deseaba y rezaba por que papá mejorara, buscara un tratamiento para su enfermedad y fuera un buen padre todo el tiempo. Sin embargo, mis plegarias nunca obtuvieron respuesta.

Aris y su esposo se habían mudado de nuestra casa a su propio departamento. Una noche, poco después de que mi hermana se fuera, papá perdió los estribos. No recuerdo con exactitud qué fue lo que lo hizo enojar, pero en lugar de encauzar su ira hacia mí la dirigió hacia mamá.

Estábamos en la sala cuando lo vi empujar a mamá y luego darle un manotazo en el brazo.

—¡Papá, detente! —grité.

—Está bien, mija. Vete a tu cuarto —gritó mamá mientras se alejaba de papá.

Julio ya se había ido a acostar y me alegré que no viera a papá en ese estado. Papá se acercó más a mamá y le agarró el cabello, jalándola como si fuera una muñeca de trapo.

—Voy a llamar al 911 si no te detienes —le grité.

Pero estaba hecho una verdadera furia, por lo que ni siquiera me escuchó. Julio se despertó a causa del ruido.

—¡Papi, suéltala! —gritó Julio, horrorizado, mientras corría hacia mamá para ayudarla.

Lo sujeté de la playera, y lo detuve antes de que pudiera alcanzar a mis papás.

—¡Haz algo! —dijo Julio, mirándome con lágrimas en los ojos.

Levanté el teléfono.

—¡No! ¡No lo hagas, Julissa! —gritó mamá—. ¿Y si te piden una identificación? ¿Y si hacen preguntas? ¡Podrías meterte en problemas!

Papá aún la sujetaba del cabello. El miedo a que mamá saliera lastimada era mucho mayor que mi miedo a ser deportada.

—¡Suéltala, papá! —dije otra vez, pero para ese entonces ya la había jalado hacia la cocina.

No quería llamar al 911. Sin embargo, presioné los botones en el teléfono. Sentí que estaba soñando.

—911, ¿cuál es su emergencia?

Contemplé colgar el teléfono, pero aun después de verme marcar papá no soltó a mamá.

—911, ¿cuál es su emergencia? —repitió la operadora.

—Papá está borracho y golpeando a mamá.

Mantuve la voz firme y calmada, algo que me sorprendió incluso a mí. Julio lloraba al fondo.

—Resguárdate en un lugar seguro. La policía está en camino.

Mi recámara se había convertido en mi lugar seguro. Sin embargo, no pensaba esconderme y abandonar a mamá. Para cuando los dos policías tocaron a la puerta de nuestra casa, papá ya se había tranquilizado.

Abrí la puerta y los policías entraron a la casa. Papá estaba sentado en el sillón. Lo ayudaron a incorporarse y se lo llevaron esposado. No opuso resistencia. Se quedó mirando el piso, eludiendo el contacto visual conmigo. Se veía derrotado, roto, y yo sentí que todo era mi culpa.

Me arrepentí de llamar a la policía desde el momento en que vi llegar a los oficiales, y me arrepentiré toda la vida.

"¿Cómo pude llamar a la policía para que aprehendiera a mi propio papá?".

Fue la primera vez que entendí que cada decisión que toman los inmigrantes indocumentados puede tener consecuencias irreversibles. Nada es sencillo. Siempre hay más consecuencias que enfrentar. Hice lo correcto al llamar a la policía, pero también hice algo terrible, y las repercusiones serían demoledoras.

Papá pasó una noche tras las rejas. Cuando regresó a casa, pidió disculpas.

Bajo circunstancias normales, nuestra relación quizás habría mejorado después de esa noche. Tal vez la amenaza de ir a prisión hubiera sido lo que papá necesitaba para darle un giro positivo a su vida. Pero nuestra situación era todo menos normal.

Lo que no sabía cuando llamé a la policía era que deportarían a papá. Aunque él tenía una visa vigente, por cuestiones legales que yo no comprendía lo obligaron a abandonar el país durante seis meses.

—Lo siento mucho —le dije antes de que partiera.

Él no respondió.

Con una sola llamada, convertí a mamá en madre soltera. Apenas recuerdo cómo fueron esos seis meses sin él, excepto por el hecho de que todo era más difícil. Papá era quien nos llevaba a Julio y a mí a la escuela. Nos recogía, nos preparaba la cena y me llevaba a mis partidos de básquetbol y a las prácticas de baile. Mamá hizo lo que pudo para compensar su ausencia, pero no era tan organizada como él. La casa siempre estaba hecha un desorden, y yo llegaba tarde a todos los entrenamientos. No tenía que lidiar con el enojo y el alcoholismo de papá, pero eso no significaba que no lo extrañara y lo necesitara. Deseaba no haberle tenido miedo. Pero también pensaba que si él era malo todo el tiempo, entonces odiarlo no sería tan doloroso.

El estrés también reveló otra faceta de mamá. Un día,

mientras jugábamos en la sala, Julio me pegó muy duro con su espada de juguete. Yo le regresé el golpe y él comenzó a llorar. Mamá corrió hacia nosotros y me golpeó. No podía creerlo.

Decidí pasar el mayor tiempo posible lejos de casa. La escuela se convirtió en mi santuario. Me sumergí en mis estudios y actividades, sabiendo que eran la única salida a mi situación. Leí sobre universidades en lugares remotos del país. Pese a que era indocumentada, aún creía en el sueño americano —si trabajaba duro y obtenía buenas calificaciones, pensaba, podría entrar a la universidad y dejar toda esa tristeza y locura atrás.

EL SUEÑO UNIVERSITARIO

Papá había vuelto después de seis meses en México. Nunca hablamos sobre lo ocurrido aquella noche, y todo regresó a la normalidad. A principios de septiembre de mi último año de preparatoria, entré a la oficina de la consejera universitaria de mi escuela. Dado que asistía a una escuela pública grande, cada consejero era responsable de atender a cientos de estudiantes. Me preguntó el nombre, a pesar de que había estado en su oficina en varias ocasiones. Volteó hacia su computadora y comenzó a teclear. Un par de minutos después dijo:

—Tienes excelentes calificaciones e increíbles actividades extracurriculares, y estoy segura de que las cartas de recomendación de tus profesores serán muy convincentes.

Sonreí, orgullosa de mis logros. Luego me dijo que aún tenía que tomar el SAT, un examen de admisión a la universidad. Como mis papás no habían ido a la universidad, nunca recibí orientación sobre el proceso de solicitud en casa.

—Puedes postularte a cualquier colegio o universidad, ninguno está fuera de tu alcance —agregó la consejera—. ¿Tienes alguna pregunta?

Quería preguntarle si ser indocumentada supondría un problema, pero me sentía avergonzada, y tenía miedo de revelarle mi estatus migratorio.

"Ni siquiera se sabe mi nombre. No puedo confiar en ella".

—No, gracias —dije con nerviosismo, mirándome los pies.

Salí de su oficina esperanzada. Aunque estaba lista para escapar, entrar a la universidad iba más allá del deseo de abandonar un hogar infeliz. Era el siguiente paso en mi sueño americano. Imaginaba cómo se sentiría ser importante, exitosa y poderosa.

Quería ganar dinero para solucionar todos nuestros problemas. Terminaría de construir la casa soñada de mis papás en México, enviaría a papá a un centro de rehabilitación y pagaría la educación de Julio. Resolvería el asunto de mi estatus migratorio para dejar de tener miedo, y vencería todos los retos que mi familia y yo enfrentáramos para vivir la gran promesa que Estados Unidos ofrecía a tanta gente.

"Si fuera rica y exitosa, ¿quién me rechazaría?".

Algunas semanas después, papá me llevó a la escuela un sábado por la mañana para tomar el SAT. Había hecho algunos exámenes de práctica, pero aun así me sentía poco preparada. No tomé ninguna clase de preparación porque no me enteré de su existencia a tiempo y, además, no podíamos costearla. Sin embargo, cuando recibí mi calificación, me sorprendió ver que me había ido mejor de lo que esperaba.

Cada noche después de la escuela, tras ayudar a mamá a vender joyería de plata en el Fort Sam Houston, al finalizar mi tarea me dedicaba a trabajar en mis solicitudes de ingreso a la universidad.

—Trabajas demasiado y quizá ni siquiera puedas asistir —me dijo papá una noche.

Mamá lo escuchó y dijo:

—Eso no es cierto. Mija, tú trabaja lo más duro que puedas. Si trabajas duro y no te metes en problemas, todo es posible en este país.

—Lo sé, mamá. Lo sé.

Apliqué a más de una docena de universidades en el transcurso de dos semanas. Luego esperé. Me ilusionaba mucho pensar que para octubre ya sabría a qué área del país me mudaría. Revisaba la correspondencia todos los días, y finalmente llegó la primera carta, de la Universidad de Georgetown.

Lamentamos informarle que...

Me sentí sumamente decepcionada, pero Georgetown era una universidad prestigiosa donde estudiantes como yo, con excelentes calificaciones, que asistían a clases de nivel universitario y con cartas de recomendación brillantes, eran muy a menudo rechazados.

Esperé a que llegaran más cartas, pero todas decían lo mismo: *Lamentamos informarle...*

Tras recibir una carta de rechazo de Colorado College, levanté el teléfono y llamé a la oficina de admisión. No tenía sentido que no quisieran a una estudiante como yo.

—Dejaste vacía la casilla de tu número de seguridad social. No pudimos procesar tu solicitud, así que te enviamos una carta de rechazo general —me explicó la consejera de admisiones.

—Oh. ¿Eso es un problema? —pregunté.

—Bueno, pues sin un número de seguridad social no podemos procesar tu ayuda financiera.

—Entonces, ¿si no tengo un número de seguridad social no puedo asistir a la escuela?

No sabía si la consejera al otro lado de la línea entendía que le estaba insinuando que era una indocumentada, pero la conversación me hizo sentir como si caminara sobre arenas movedizas.

—No, no creo que eso importe —dijo la mujer—. Podemos volver a revisar tu solicitud, pero el pago de la colegiatura correría totalmente por tu cuenta.

La colegiatura costaba aproximadamente 30,000 dólares anuales. No había forma de que mis papás o yo consiguiéramos esa cantidad de dinero. Como estudiante indocumentada, no tenía derecho a recibir ayuda financiera. Tampoco podía solicitar préstamos estudiantiles, y mis papás no podían obtener un préstamo porque no eran residentes permanentes ni ciudadanos estadounidenses.

Me percaté de que el formato de cada universidad a la que me había postulado incluía un recuadro para el número de seguridad social, y de que había dejado ese espacio en blanco en todas mis solicitudes. No tenía otra opción. No contaba con un número de seguridad social. Podía estudiar más para obtener mejores calificaciones, podía involucrarme en actividades extracurriculares, pero no podía hacer nada para conseguir un número de seguridad social.

"¿Acaso eso significaría que no podría ir a la universidad?".

Traté de sacar ese pensamiento de mi mente.

Ese recuadro en blanco, la ausencia de esos nueve números, me impedía avanzar.

Un día, sentada junto a mi maestro favorito, el señor G, me sentí especialmente triste al respecto. Mr. G era mi muy peculiar profesor de Física en la clase avanzada. Todos lo amaban, y yo definitivamente era su consentida. Tenía una hora libre al final de la jornada escolar. Como era estudiante de último año de preparatoria, podía irme temprano a casa, pero no quería hacerlo. El señor G me dejaba ayudarlo a calificar exámenes, o a veces simplemente hacía la tarea en su salón.

—No sé si tendré la oportunidad de ir a la universidad —le dije.

No le expliqué los detalles, pero le dije que debido a la "situación" de mis papás no podíamos solicitar ayuda financiera. No estoy segura de que haya entendido a lo que me refería, pero al parecer eso no tuvo relevancia.

—Bueno, pues no te des por vencida —me dijo—. De todos modos, deberías postularte a la universidad. Solo postúlate. Aplica a todos los lugares que puedas. Ve lo que sucede. Por mi parte, yo continuaré escribiéndote las mejores cartas de recomendación, y tarde o temprano *tendrán* que aceptarte.

Animada por sus palabras de aliento, seguí postulándome, incluso a escuelas como Harvard y Dartmouth. Él insistía en que yo poseía las calificaciones y la ambición necesarias para entrar. Nunca olvidaré cuando me escribió una carta de recomendación para Dartmouth. No me permitió leerla, pero dijo:

—Si con esta carta no te aceptan, entonces el mundo está perdido.

También me animó a postularme a la Universidad de Texas en Austin. Yo le comenté que quería irme a un lugar lejano, pero él insistió:

—Es una gran escuela. Una de las mejores del país. No la descartes.

Seguí su consejo, aunque postergué el envío de la solicitud. Simplemente no sentía que fuera la escuela indicada para mí.

Mamá insistía en que encontraríamos la manera de pagar la mejor escuela que me aceptara. Y yo le creía. Su aliento, optimismo e inquebrantable ética laboral me daban esperanza. Envié muchas solicitudes, y luego solo quedó esperar y tener fe.

TRAGEDIA

Durante mi último año de preparatoria, papá me recogía a diario en la escuela con la exactitud de un reloj. Por eso, un día a mediados de noviembre, me sorprendió ver a Aris esperando en su auto al salir de la escuela. Aris nunca había ido por mí a la salida, *jamás*.

—Hola —dije mientras abría la puerta del copiloto—. ¿Qué haces aquí?

—Mamá tuvo un accidente.

—¿Qué? —dije, y sentí que el corazón se me hundía en el estómago.

Noté que Aris había estado llorando.

—Estaba montando el puesto en el Fort Sam Houston, y le explotó el tanque de la máquina tostadora de elotes.

—Dios mío —dije, cubriéndome el rostro con las manos.

—La hizo volar hasta la acera. Es un milagro que no se haya quemado, pero…

Aris desvió la mirada y comenzó a llorar.

—Dios mío, Aris. ¿Está bien? —la boca se me secó.

—Está en el hospital —dijo Aris—. No saben si despertará.

—¡Llévame a verla ahora mismo!

Aris se enjugó las lágrimas de los ojos y arrancó el motor. Recuerdo que después estaba de pie en un pasillo iluminado, con pisos de baldosa blanca y espantosa, viendo a mamá en una cama de hospital a través de una enorme ventana. Tenía un tubo dentro de la garganta que la ayudaba a respirar, y cables por todos lados. Le habían afeitado su hermosa cabellera. Se veía frágil. No parecía mamá.

Yo quería llorar, pero mis lágrimas estaban atascadas y se rehusaban a salir.

Un doctor salió de la habitación y comenzó a hablar con papá.

Papá me miró y dijo:

—Pídele que te explique a ti.

—Papá no habla muy bien inglés. Me pidió que le dijera que hablara conmigo —le dije al doctor.

—De acuerdo. Tu mamá tiene suerte de estar viva.

El corazón se me hundió todavía más.

—Lo único que hemos logrado hacer hasta ahora es tratar de contener la inflamación. No hay mucho que podamos hacer, más que esperar y ver cómo responde. Creemos que hay esperanza. Sin embargo, estoy obligado a decirte que existe la posibilidad de que no sobreviva —dijo.

Un río de lágrimas comenzó a fluir de mis ojos.

No estaba preparada para escuchar esas palabras, ni para traducírselas a mi familia. Pero no existía otra persona que pudiera hacerlo.

Papá se limpió las lágrimas. Mi hermana lloraba ruidosamente:

—¡No, no, no!

—Aris, tenemos que ser fuertes por Julio y papá —le dije.

Julio solo tenía siete años. No sabía cómo iba a decírselo a él. Hicimos varias llamadas. Mi tía, el tío Mike y Nay tomaron aviones a San Antonio a la mañana siguiente. Todos tenían visas de turista y podían viajar. Antes de que llegaran, sonó el teléfono en la casa.

Corrí a la cocina desde mi recámara y contesté la llamada.

—Hola, ¿se encuentra el señor Arce? Habla el neurocirujano del Centro Médico Brooke Army —dijo un hombre en tono serio.

—Hola, habla su hija, Julissa. Tendré que traducirle todo lo que usted me diga —le comenté al doctor—. ¡Papá! ¡Hablan del hospital! —grité.

El doctor me dijo que necesitaban realizarle una cirugía de emergencia a mamá porque su cerebro se estaba inflamando. Tendrían que cortarle un pedazo de cerebro porque el cráneo no puede expandirse. La única posibilidad de que mamá sobreviviera era cortándole pequeños pedazos de cerebro y esperando a que la inflamación cediera.

—¿Qué sucederá después? —le pregunté al doctor.

Papá estaba parado junto a mí, observándome con mirada triste.

El doctor continuó:

—Si no se detiene la inflamación, tendremos que cortarle más pedazos de cerebro, y eso provocaría más daño.

Intentaba absorber toda esa información y traducírsela a papá, porque los doctores necesitaban su autorización para realizar la operación.

—Tienen que decidir ahora. No tenemos mucho tiempo —dijo el doctor.

No había terminado de explicarle todo a papá cuando contesté:

—Sí. Dice que sí. Operen a mamá.

Tomé la decisión por mi cuenta, y mientras colgaba el teléfono comprendí que lo que sucediera a partir de ese momento sería consecuencia de mi decisión. Le expliqué todo a papá con mayor detenimiento, y estuvo de acuerdo en que había hecho lo correcto.

La cirugía fue larga. Afortunadamente, el accidente había sucedido dentro de la base militar, por lo que un neurocirujano de talla mundial fue asignado al caso de mamá. Nos sentimos afortunados de saber que él operaría a mamá, y confiamos en que esa fuera la forma que Dios había dispuesto de cuidarla. Mi educación cristiana y los rezos jugaron un papel importante en mi vida cuando era más joven, pero no había rezado mucho desde entonces. Me sentí egoísta al rezar, pues ya no pasaba mucho tiempo en la iglesia. Aun así, recé.

Cuando el doctor finalmente salió del quirófano, todos estábamos sentados en la sala de espera. Mi tía sostenía un rosario en una de sus manos. Aris tenía la cabeza recargada en el hombro de Nay. Papá y yo estábamos sentados el uno junto al otro. El doctor se me acercó y dijo:

—Tu mamá es sumamente fuerte. Sobrevivió a la cirugía.

—¡Gracias a Dios! ¿Cuándo podemos verla? —pregunté.

Entonces me explicó una de las cosas más difíciles que escucharía en mi vida. La única manera de mantenerla con vida tras la cirugía fue inducirle un coma.

—Debo advertirte que existe una pequeñísima posibilidad de que no despierte —dijo.

—¿Le indujeron un coma a propósito? —exclamé.

Todos se levantaron de sus asientos y se acercaron a mí.

El doctor siguió explicando que, cuando mamá despertara del coma, tal vez se comportara como una niña. Necesitaría volver a aprender a caminar y a hablar, y quizá no se acordaría de nosotros. Requeriría de muchos cuidados durante mucho tiempo.

—¡Dios mío! ¿Cuánto tiempo tardará en recuperarse por completo? —pregunté.

—Podrían pasar años antes de que regrese a la normalidad, si es que eso llega a suceder —explicó el doctor.

Sentí que sus palabras eran una enorme puerta que se cerraba frente a mi futuro.

"Yo soy quien tendrá que encargarse de mamá".

No sé por qué creí que toda la responsabilidad recaería sobre mí. Tengo dos hermanas mayores, un papá y una gran familia extendida. Sin embargo, ese fue mi primer pensamiento: "Tendré que cuidar a mamá para siempre".

Cuando el doctor se fue, le expliqué todo a mi familia. Algunos estaban aturdidos, otros lloraban y se limpiaban las lágrimas.

Con mamá a mi lado, sentía que podía lograr cualquier cosa. Podía resolver cualquier problema. Nada era imposible para ella y, por ende, nada era imposible para mí. Ella fue quien me aseguró que encontraríamos la manera de enviarme a la universidad. ¿Ahora cómo podría hacer eso por mi cuenta? ¿Cómo podría titularme mientras la cuidaba? ¿Cómo podría resolver algo sin ella a mi lado?

Me sentí egoísta. Pensaba en mí misma cuando lo único que importaba era que mamá sobreviviera. Pero no pude evitarlo. Estaba en mi último año de preparatoria. Era un año importante para mí. Mi futuro estaba en juego, aunque ya ni siquiera intentaba imaginarlo. El siguiente paso era la universidad, e incluso eso parecía fuera de mi alcance.

Transcurrió un mes y abandoné el equipo de baile. Tenía que ir a trabajar a nuestra pequeña tienda de joyería todos los días después de la escuela. También tenía responsabilidades en el puesto de buñuelos los fines de semana. No podíamos darnos el lujo de dejar de trabajar, sobre todo con las cuentas hospitalarias de mamá. Cada noche cuando me iba a acostar, rezaba:

—Dios mío, por favor, haz que mamá despierte del coma. No me importa si tengo que cuidarla para siempre; por favor, solo despiértala. Por favor, haz que esta pesadilla termine. Amén.

Una semana antes de navidad, mamá finalmente abrió los ojos. Me sentí aliviada de verla despierta. No podía dejar de llorar. Pero la realidad no tardó mucho en hacerse presente.

Por instrucciones del doctor, le hicimos una serie de preguntas.

—¿Cómo te llamas?

—Luisa —respondió en una voz que no sonaba como la suya.

—¿Cuántos hijos tienes?

—Tres, tres hijas —dijo, y luego comenzó a llorar—. ¿Sobrevivió el bebé? —preguntó.

—¿Cuál bebé? —preguntó Aris.

Pasó varios días preguntando si el bebé había sobrevivido. Al final dedujimos que ella pensaba que aún estaba embarazada de Julio. Su sentido del tiempo era inexistente.

El doctor insistió en que eso no era algo permanente.

—Con el tiempo mejorará.

Sin embargo, lo único que yo notaba era que mamá no

estaba del todo bien. Le habían rapado su hermoso cabello y le crecían las canas. Envejeció dramáticamente en muy poco tiempo. Eso me entristeció muchísimo. Antes del accidente, la gente solía confundir a mamá con Aris, diciéndole que parecía su hermana. Ahora ya no parecía la hermana de Aris.

La salud de mamá mejoró muchísimo durante los siguientes tres meses. Eso no debió sorprenderme. Mamá era una guerrera. Para la primavera de 2001 ya caminaba y hablaba de nuevo. Quien no la hubiera conocido podría pensar que había vuelto a la normalidad. Creo que ella también se sentía así a veces, porque en cuanto mejoraba un poco quería regresar a trabajar. Pero se cansaba muy rápido. Quienes la conocíamos sabíamos bien que distaba mucho de haber vuelto a ser ella.

Estaba bien un minuto y al otro decía algo sin sentido. Me hacía una pregunta y yo respondía, y cinco minutos después me preguntaba lo mismo. Era olvidadiza y no creíamos que fuera seguro para ella trabajar en el puesto de buñuelos.

Nay se tomó un semestre de la universidad en México para quedarse en San Antonio a ayudar. Aún era la chica fuerte que yo recordaba de mi infancia. Un día llevamos a mamá al centro comercial para que caminara un poco. Llegamos a unas escaleras eléctricas y mamá se rehusó a subirse.

—Mamá, súbete a las escaleras. ¡Deja de comportarte así! —gritó Nay.

—¡Detente, Nay! ¡Le tiene miedo a las escaleras! —grité de vuelta—. Debe haber un elevador en alguna parte. Te vemos en el piso de arriba. No la presiones para que suba las escaleras.

Me preocupaba pensar cómo trataría la gente a mamá si yo me mudara lejos para ir a la universidad. Cada vez que lo imaginaba, simplemente dejaba de pensar en ello. No podía permitirme soñar tan alto, porque cuando realmente me detenía a pensar en el futuro lo único que veía era incertidumbre.

GRADUACIÓN

—Creo que no iré a la universidad el próximo año —le dije al tío Mike mientras me conducía a la escuela una mañana.

Mi tío había estado viviendo con nosotros desde el accidente, y a veces me llevaba a la escuela mientras papá acompañaba a mamá a su fisioterapia.

Nay había vuelto a México después de las vacaciones para iniciar su último semestre en la universidad, y mi tío se había convertido en nuestra cuerda de salvación. Incluso me organizó una gran fiesta de dieciocho años en el restaurante Olive Garden, e invitó a veinte de mis amigos. Gracias a él, comencé a sonreír de nuevo.

—Sigue postulándote a distintas universidades. Has trabajado muy duro. A tu mamá le gustaría que fueras —dijo.

Así que eso hice. Estudié durante largas jornadas para

sacar excelentes calificaciones y postularme a cualquier universidad que encontrara. Llené docenas de solicitudes para universidades de las que apenas había escuchado, en lugares apartados que me alejarían de todo, pero los rechazos seguían llegando una y otra y otra vez.

Aun así, seguí postulándome.

—Entonces, ¿mandaste todas tus solicitudes universitarias? —me preguntó el señor G cuando estábamos sentados en su salón de clases, calificando exámenes.

—Creo que sí —dije—. Apliqué prácticamente a todas las universidades.

—¿Incluyendo la Universidad de Texas? —me preguntó.

Bajé la mirada hacia el escritorio y guardé silencio.

—Julissa. Es una gran escuela. Podría ser la opción perfecta para ti. Si aún hay tiempo para enviar tu solicitud, en verdad pienso que deberías hacerlo.

—Está bien. La fecha límite para postular a muchas universidades ya pasó, pero veré qué puedo hacer.

Esa tarde descubrí que la fecha límite era al día siguiente. A la mañana siguiente, mi tío Mike me llevó a Austin para entregar mi solicitud en persona. Recuerdo haber elegido la escuela de negocios como primera opción porque estaba clasificada como la quinta mejor escuela del país, no porque quisiera estudiar Negocios. Aún estaba segura de que no quería asistir a UT, pero no quería defraudar al señor G. Había hecho muchas cosas para ayudarme.

Mi tío estacionó el auto y caminamos juntos hasta la

oficina de admisión. El campus era enorme y hermoso. Ver a todos los estudiantes universitarios caminando por el lugar me llenó de ilusión y esperanza. Quizás alguien como yo podía ir a la universidad, a pesar de mi estatus migratorio.

Sin embargo, para finales del año escolar había recibido cartas de rechazo de todas las universidades a las que apliqué, excepto una: Hendrix College, una escuela de humanidades en un pequeño pueblo de Arkansas que saqué de un libro. Pero no podía pagar la colegiatura.

Traté de pensar positivo. Actué como si asistir a la universidad realmente fuera posible para mí. Hablé por teléfono con la chica de Hendrix que había sido elegida para ser mi compañera de cuarto. Conversamos sobre las cosas que llevaríamos para decorar nuestro dormitorio, sabiendo que no podría asistir a menos que sucediera un milagro parecido a ganarse la lotería, que nos permitiera a mi familia y a mí un nuevo comienzo.

Hablé con el señor G y me sugirió que me inscribiera en la escuela comunitaria local, San Antonio College (SAC).

—¿Acaso bromea? —dije.

Había una frase entre los alumnos de la Escuela Preparatoria Roosevelt que se refería a la universidad: "SAC es para quienes no pueden *sac*ar buenas calificaciones". Me había esforzado demasiado y había trabajado muy duro para asistir a una universidad que tuviera en cuenta mis calificaciones en el proceso de admisión. Inscribirme a una escuela que solo duraba dos años, donde cualquiera podía entrar, me parecía injusto. De todos modos, ni siquiera tenía el dinero para ir a SAC. Aún carecía de un número de seguridad social, por lo que no podía recibir ayuda financiera, y la fecha límite para dar un anticipo de la colegiatura en Hendrix había pasado.

Caminé por el escenario el día de mi graduación con mi toga y mi birrete, y recibí mi diploma sin saber si, o cuándo, iría a la universidad. Me gradué dentro del cinco por ciento de los mejores estudiantes de mi clase. Toda mi familia estaba orgullosa de mí. Yo mostraba una gran sonrisa. No obstante, todos estábamos preocupados. Pensé que contaba con todo lo necesario: me había graduado de la preparatoria con honores, y tenía grandes amigos, mentores y una familia que me apoyaba. Sin embargo, carecía de opciones.

Pasé el fin de semana siguiente a mi graduación con azúcar glas en el cabello, cubierta de grasa de la freidora y sudando bajo el sol abrasador de Texas, con un solo pensamiento.

"¿Acaso esa sería mi vida ahora?".

Traté de no deprimirme por mi situación y de adoptar la actitud de mamá: "Encontraré una manera. Lo haré", pensé. Pero, cada vez que intentaba pensar en mi futuro, era como mirar a través de una neblina hecha de azúcar glas. No visualizaba la vida de riqueza y felicidad por la que había trabajado durante tanto tiempo. Al parecer, sin que estuviera prestando atención mi sueño americano se estrelló contra una gigantesca pared.

LEY HB 1403

En cuanto entré a la casa, el tío Mike me entregó un pedazo de papel. Tenía un número telefónico y un nombre: Rick Noriega.

—¿Qué es esto? —le pregunté.

—Julissa, tienes que llamar a este número. Ahora mismo, antes de que cierre la oficina. Esta podría ser nuestra oportunidad. Esto podría ser lo que hemos estado esperando.

Corría el mes de julio. Estaba acalorada y me sentía cansada después de preparar buñuelos todo el día. Lo miré con ojos vacíos.

—Aprobaron una ley que permite a los estudiantes indocumentados ir a la universidad aquí en Texas —dijo.

—¿Qué? —respondí, incrédula.

San Antonio es una ciudad amigable con los inmigrantes, pero vivíamos en un estado donde los indocumentados a menudo eran intimidados y maltratados.

—Salió en las noticias. Ese es el teléfono de la oficina del congresista estatal que ayudó a aprobar la ley. Llama —dijo.

Me quedé pasmada. Ni siquiera tenía conocimiento de que una ley de ese tipo formara parte de las discusiones del congreso. No sabía qué otra cosa hacer que no fuera llamar a ese número. La operadora me transfirió a la oficina de Rick Noriega y Linda Christofilis, la asistente del señor Noriega, se puso al habla. Le pregunté si yo era elegible para ir a la universidad bajo esa nueva ley.

—HB 1403, sí —dijo—. Bueno, por qué no me platicas un poco sobre ti y vemos si podemos ayudarte.

Había aprendido a nunca mencionarle mi estatus migratorio a nadie, sobre todo si era un funcionario de gobierno. Sin embargo, había algo en la voz de Linda que me infundió seguridad, así que empecé a hablar. Le conté sobre mi llegada a Estados Unidos, sobre que vivía en San Antonio y acababa de graduarme entre el cinco por ciento de los mejores estudiantes de mi clase de preparatoria. Me pidió todos mis datos y se los di: dirección, teléfono, todo.

—Bueno —dijo Linda—, eres exactamente el tipo de estudiante para el cual se redactó la ley.

—¿De verdad? —dije con la voz quebrada—. Apliqué a UT y a otras escuelas. Llené las solicitudes, con las cartas de recomendación y todo. Pero me rechazaron porque no tengo un número de seguridad social. Tenía la esperanza de ir a la universidad este año. Así que, ¿existe la posibilidad de que esta ley sea retroactiva? ¿O tendré que esperar hasta el próximo año para volver a postularme a la universidad?

Por un momento se hizo silencio.

—¿Sabes? Esa es una buena pregunta. Dame un segundo —dijo.

Me dejó en espera por una eternidad, o al menos eso sentí.

—Hola —dijo—. Sí, es retroactiva y puede servir para tus solicitudes universitarias de este año.

—¡Eso es increíble! —respondí—. ¿Qué debo hacer?

—¿A qué otra universidad te postulaste en el estado de Texas? —me preguntó.

—Únicamente a UT Austin.

Linda me dijo que redactarían una carta para que el congresista la firmara, tras lo cual la enviarían a la oficina de admisión de UT para que reevaluaran mi solicitud.

—¿En serio?

Mi sonrisa era tan amplia que pensé que se me rasgarían las mejillas.

—Sí, y si tus calificaciones son tan buenas como dices y todo lo demás está en orden, creo que tendrás buenas posibilidades de entrar y calificarás para recibir la beca Texas. Es por cinco mil dólares, por lo que cubrirá buena parte de tu colegiatura estatal. Tendrás que mantener un excelente promedio si quieres quedarte con esa beca una vez que la obtengas —dijo.

—Dios mío. Eso es fantástico. Trabajaré duro, lo prometo.

Estaba feliz de que por fin mis calificaciones importaran.

—Muy bien. Al congresista le interesará conocer tu caso, y me alegra mucho que nos hayas llamado el día de hoy.

¡*Ella* se alegraba de que la hubiera llamado ese día!

—No sé ni qué decir —confesé—. ¡Muchísimas gracias!

—Gracias a ti, Julissa. Espero que todo salga bien. Pronto nos pondremos en contacto contigo.

Mis papás, mi hermano y el tío Mike estaban reunidos a mi alrededor, esperando a que colgara el teléfono.

Me cubrí el rostro con las manos y lloré un poco. Levanté la mirada y dije:

—La ley aplica para mí, y el congresista va a enviar una carta a UT pidiéndoles que reconsideren mi solicitud.

Luego todos lloramos.

Mamá repetía:

—Sabía que encontraríamos una manera.

La ley HB 1403 era mejor que sacarse la lotería. La probabilidad de que se aprobara una ley justo cuando la necesitaba era una prueba fehaciente de que Dios existía y me amaba.

Texas fue el primer estado en Estados Unidos que permitió a estudiantes indocumentados asistir a universidades públicas, pagar colegiaturas estatales y recibir ayuda financiera. Desde ese día, únicamente veinte estados han aprobado leyes similares. Sin embargo, en Georgia, Carolina del Sur y Alabama existen leyes que prohíben a los estudiantes indocumentados acceder a la educación superior.

Me sentí abrumada de felicidad, aunque también tenía ciertos miedos persistentes. Tal vez ya no había cupo en UT para recibir más estudiantes. Tal vez tendría que esperar un año para volver a postularme. Sin embargo, en ese momento finalmente pude respirar un poco. De nuevo comencé a vislumbrar un futuro.

Todos los días salía corriendo de mi casa para revisar el buzón en busca de una carta de UT. Finalmente, un par de semanas después de que llamara a Linda, reconocí el logo de UT en la parte superior izquierda de un sobre. Ni siquiera esperé a entrar a la casa. Abrí el sobre. Parada en medio de la calle, sentí cómo las lágrimas resbalaban por mi rostro.

"No puedo creer que esto esté sucediendo", pensé.

Entré corriendo a casa y grité:

—Me aceptaron en UT. ¡Entré!

Mis papás me dieron un abrazo. Luego se abrazaron entre ellos. Mi tío me dijo algo que nunca olvidaré:

—Felicidades. Recuerda que te lo ganaste. Nadie te lo regaló.

Me enseñó a reconocer que en la vida se requieren dos cosas para ser exitoso: preparación y oportunidades. Mamá, papá y el resto de mis familiares me ayudaron a prepararme, y el estado de Texas me ofrecía la oportunidad que necesitaba.

—Esto es solo el comienzo —dijo—. Este es solo el primer paso.

DESPEDIDA

Mamá aún no se encontraba bien. Una mañana, de camino a su fisioterapia, empezó a convulsionar. Mientras dimos un giro a la izquierda, comenzó a temblar de forma incontrolable en el asiento del copiloto. La boca se le contrajo completamente hacia la izquierda y comenzó a babear.

—¡Tío, conduce rápido, hay una clínica de emergencia un poco más adelante!

Entré corriendo a la recepción y grité:

—¡Ayuda! Mamá está en shock.

Traté de describir lo que le sucedía.

—¡Por favor, ayúdennos! —grité.

Finalmente, dos hombres con una camilla llevaron a mamá al interior. El doctor nos dijo que mamá había sufrido convulsiones. Necesitaría tomar medicamentos para evitarlas en el futuro.

Una vez más, comencé a pensar que tendría que quedarme en San Antonio para cuidar a mamá. Por fortuna, no tardó mucho tiempo en recuperarse.

Un par de semanas después, fuimos a Austin para buscar un alojamiento estudiantil. Aunque no había alojamiento disponible en el campus, encontramos un dormitorio fuera de la universidad, a un par de cuadras. Dejamos un pequeño depósito, pero mientras conducíamos de regreso del campus nos dimos cuenta de que la renta costaría más de lo que mi familia podía costear por encima de mis gastos mensuales.

—Encontraremos la manera de solucionarlo —insistió mamá.

Unos días después de nuestro regreso de Austin, mi tío nos sentó a todos y anunció que había tomado una decisión.

—Tu mamá y Julio se irán a vivir a Taxco.

Pude notar que cuidar a mamá estaba afectando a mi tío. Había abandonado su vida en México para apoyarnos. Mamá tendría a mamá Silvia y al resto de la familia para ayudarla. San Antonio estaba lo suficientemente cerca de Austin como para que yo viajara cada fin de semana a trabajar en el puesto de buñuelos y así cubrir mis gastos universitarios.

Los sentimientos de papá no fueron tomados en cuenta. Sin embargo, mamá estuvo de acuerdo en que sería lo mejor. Papá se quedaría en San Antonio para atar los cabos sueltos, y luego se reuniría con ellos en Taxco. Todo sucedió con tanta rapidez que apenas pude hacerme a la idea.

En un abrir y cerrar de ojos, estaba empacando mis cosas y mudándome a un dormitorio. Pasé de vivir en una casa llena de familiares a vivir en un dormitorio lleno de extraños. De pronto me encontraba dándole la mano a una nueva compañera de cuarto, presentándome con nuestros vecinos, y despidiéndome de mis papás y de Julio que volvían a San Antonio sin mí. Estaba emocionada y nerviosa con relación a lo que me depararía el destino. Todos los estudiantes que veía en el campus parecían felices de estar lejos de casa, pero yo continuamente me preguntaba cuándo volvería a ver a mis papás y a mi hermano.

No existían nuevas leyes que me permitieran obtener la ciudadanía estadounidense. No había nada que pudiera hacer para cambiar mi estatus migratorio. Mi única opción era seguir persiguiendo mis sueños, o rendirme. Pude haber rechazado la beca y mudarme a México con mis papás. Quizá habría tenido la posibilidad de regresar a Estados Unidos en un futuro. Sin embargo, sabía que en cuanto cruzara la frontera me prohibirían la entrada a Estados Unidos durante diez años —esa sigue siendo la ley actual—. *Diez años.* No podía esperar tanto tiempo para ir a la universidad. Había trabajado muy duro y mis papás habían sacrificado demasiado. Estados Unidos era mi hogar.

Cuando comencé a tomar clases en UT, el deseo de ayudar a mis papás se había convertido en algo más. Era un fuego que ardía en mi interior, un impulso que me hacía querer componer todas las cosas que estaban mal. Mis papás nunca me pidieron que cuidara de ellos. Pero en mi familia existía la regla tácita de ayudarnos los unos a los otros. Era parte de mi cultura mexicana.

Mis papás siempre me dijeron:

—La escuela es tu salvación. La educación es tu salvación. La educación es tu salida.

Cuando tuve la oportunidad de asistir a una de las mejores escuelas de negocios en el país, apunté alto desde un inicio. Decidí que quería ser una poderosa mujer de negocios y viajar por el mundo. Quería comprarle un taller mecánico a papá y una tienda de joyería a mamá, y llevarlos de vacaciones. No quería que mi hermanito tuviera las mismas preocupaciones que yo tuve. *Ese* se convirtió en mi sueño americano: ayudar a mi familia.

En el fondo de mi ser, necesitaba creer que alguien como yo podía tener éxito en Estados Unidos, sobre todo en aquel emotivo día en que llevé a mamá, a Julio y al tío Mike al aeropuerto. Había gente por todos lados tratando de tomar un taxi, dirigiéndose a sus puertas o despidiéndose de sus familias. Se nos había hecho tarde y todo sucedió de prisa.

—Te amo —le dije a Julio mientras sostenía su pequeño rostro entre mis manos—. Pórtate bien, ¿okey? Sé bueno con mamá.

—Lo haré —dijo.

Abracé a mamá durante mucho tiempo. No recuerdo qué nos dijimos. No estoy segura de que dijéramos algo. Solo recuerdo que empapé el hombro de su blusa con mis lágrimas, y ella también empapó el mío.

—Mamá Silvia y yo nos encargaremos de cuidarla —dijo mi tío Mike—. Lo prometo.

—Sé que lo harán. Lo sé.

Los vi caminar hacia la rampa y desaparecer al doblar y entrar al avión, sin saber cuándo los volvería a ver.

Desde afuera, mi primer año en la universidad fue como cualquier otro. Madison House, mi dormitorio, era pequeño, por lo que todos los residentes nos conocíamos muy bien. Estrechamos lazos gracias a nuestra afición por los taquitos (deliciosas tortillas de maíz fritas, rellenas de queso, que se servían cada miércoles), las noches de cine y otras actividades grupales que se realizaban en el dormitorio. Eran las típicas cosas que podía esperar cualquier estudiante universitario.

También había muchas cosas por las cuales ya no tenía que preocuparme. Papá ya no me gritaba. No tenía que cuidar a mamá ni ayudar a mi hermano con su tarea. Era tan agradable simplemente ser yo, ser egoísta y únicamente preocuparme por mí. Ser normal. Sin embargo, cada viernes recibía un recordatorio de cuán *anormal* era en realidad. Mientras el resto de los estudiantes se preparaba para disfrutar de sus planes de fin de semana, yo viajaba noventa minutos en camión, de regreso a San Antonio, para vender buñuelos. Eso me recordaba el enorme sacrificio que mamá, mi hermano y papá hacían para que yo pudiera ir a la universidad. ¿Cómo no podía sentir que les debía todo?

Vi a papá brevemente los primeros fines de semana. Agradecía que estuviera ahí para ayudarme a instalar el puesto de buñuelos en el mercado al aire libre. Me sentía feliz de tenerlo cerca en San Antonio. Pero no vivía con él. Me quedaba con Aris y su esposo. Me sentía culpable de quedarme con ella en vez de con papá. Él también se sentía triste al respecto, pero yo no cedí. Seguía bebiendo alcohol, así que lo dejé solo en nuestra vieja casa.

Un mes después, papá terminó de vender la mayor parte de nuestras pertenencias y compró un boleto para viajar en camión a México. Aris y yo lo llevamos a la estación de camiones una noche de sábado, después de cerrar el puesto de buñuelos.

—Te amo, mija —dijo, y se subió al camión.

Nos miramos hasta que el camión dobló la esquina para salir de la estación.

Cuando ya no pude ver a papá, todas las lágrimas que

había guardado comenzaron a rodar por mi rostro. Mis papás y yo habíamos intercambiado lugares. Ahora ellos estaban en México y yo, en Estados Unidos. Pero no sabía cuándo podría visitarlos. Mi familia no estaría conmigo. Ese era el verdadero precio de mi educación universitaria.

La noche siguiente tomé un camión desde esa misma estación de regreso a la escuela. El lunes por la mañana asistí a mi clase de Química, en un auditorio con cuatrocientos estudiantes. Recibí la calificación de mi primer examen universitario; había sacado diez. Me sequé las lágrimas.

Cuando terminó la clase, caminé hacia el six-pack, un jardín en medio del campus. Estaba atestado de estudiantes que lanzaban balones de futbol americano, hacían tarea y comían su almuerzo. Me recosté sobre el pasto, sintiendo el sol texano sobre mi rostro. Saqué el examen de mi mochila y lo miré de nuevo.

"Lo logré".

Apenas había sobrevivido a todas las adversidades que había enfrentado en casa, en la escuela y con mi estatus migratorio, pero había sido fuerte y había peleado por mis sueños. Y ahora estudiaba en una de las mejores universidades del país. Mamá siempre había tenido razón. Alguien como yo podía tener éxito en Estados Unidos.

LOS ÚLTIMOS AÑOS

En mayo de 2005 me gradué con honores de la Universidad de Texas, en Austin, con una licenciatura en Administración de Empresas y Finanzas. Mamá, el tío Mike, Aris y Nay asistieron a mi ceremonia de graduación. Tiffani también estuvo presente, y hoy en día seguimos siendo grandes amigas. Para ese entonces la visa de papá había expirado, así que no pudo viajar a Austin.

A lo largo de mi carrera universitaria, esperé y recé porque las leyes de inmigración cambiaran. Tenía la esperanza de que se realizara algún tipo de proceso, que existiera una fila en la cual pudiera formarme, o una multa que pudiera pagar, para arreglar mi estatus migratorio, pero no sucedió nada. No calificaba para nada. A mis diecinueve años, hice lo que entonces me pareció la única opción para poder seguir viviendo mi vida: compré una *green card* falsa y una credencial de seguridad social.

Después de graduarme de la universidad, me mudé a Nueva York para trabajar en Goldman Sachs, en Wall Street, una de las instituciones financieras más prestigiosas del mundo. Vivía todo el tiempo con miedo de que alguien descubriera que mis documentos eran falsos y que, por tanto, no debía estar trabajando. Sin embargo, pese a todos los retos y miedos me convertí en vicepresidenta a los veintisiete años. Había cumplido todos mis objetivos profesionales.

Una noche de 2007 llamé a México para hablar con papá, y tuvimos una larga e íntima conversación. Le pedí disculpas por haber llamado a la policía. Él me pidió perdón por su alcoholismo, por golpearme y por obligarme a llamar a la policía. Agradezco mucho haber tenido esa conversación con papá. En septiembre de ese año, Nay me llamó a la oficina para decirme que papá estaba muy grave. Durante horas consideré si debía ir a México. Si salía de Estados Unidos no podría regresar. Mientras me debatía, papá falleció. Nunca volví a verlo con vida.

Un año después, me casé con mi novio de la universidad y, como es ciudadano estadounidense, finalmente pude arreglar mi estatus migratorio. En agosto de 2014 me convertí en ciudadana estadounidense, veinte años después de haber llegado a vivir a Estados Unidos. Mi primer viaje fuera del país fue a México. Fue muy emotivo. Por fin regresaba al país que me vio nacer. Mamá Silvia también había muerto y estaba enterrada junto a papá. Visité sus tumbas y les agradecí todos los sacrificios que hicieron por mí.

Julio se vino a vivir conmigo a Nueva York poco después de que falleciera papá. En mayo de 2017 se graduó de la Universidad Texas Tech con un título de Economía, y consiguió su primer trabajo. Estoy muy orgullosa de él. Aris ha estado casada durante dieciocho años, ¡y tiene cuatro hijos varones! Nay aún vive en México, está casada y tiene una hija y un hijo.

Veo a mamá por lo menos dos veces al año, cuando viajo a México o la llevo de vacaciones. Para su cumpleaños sesenta, la llevé una semana de viaje a Costa Rica.

Dejé Wall Street en 2014 y desde entonces he trabajado en favor de los derechos de los inmigrantes indocumentados. Cofundé el Fondo Educativo Ascend, un programa de tutoría universitaria y beca para estudiantes inmigrantes en Nueva York, sin importar su estatus migratorio. La educación me cambió la vida, me abrió puertas llenas de oportunidades y ha llegado mi turno de abrirles las puertas a otros.

AGRADECIMIENTOS

A mamá y papá, que sacrificaron todo por mí. Gracias.

Este libro no es solo mío. Mucha gente lo hizo posible. Debo agradecer a mis hermanas, Aris y Nay, y a mi hermano Julio, que me han apoyado y amado a lo largo de este viaje.

Alguien como yo no sería lo que es sin la guía y el apoyo de Reyna Grande. Sus libros me han inspirado, y bajo su tutela he profundizado en mí misma para convertirme en una escritora de mejor calidad y mayor vulnerabilidad.

Alguien como yo le pertenece a mis amigos, maestros (gracias, señor G, no estaría aquí sin usted) y mentores, y a las miles de personas que pelearon por mi derecho a asistir a la universidad y trabajaron incansablemente para aprobar la ley Texas Dream Act en 2001.

No tengo palabras para agradecer el gran trabajo de mi

agente literaria, Lisa Leshne. Ella creyó en mí desde aquel primer café que compartimos en Nueva York. Su amistad y apoyo han sido invaluables en mi aventura como escritora.

Mi editora, Nikki García, creyó tan apasionadamente en este libro que fue más allá de sus labores y trabajó incansablemente para sacar lo mejor de mí como escritora. Estoy sumamente agradecida con Michelle Campbell, Stefanie Hoffman, Sasha Illingworth, Farrin Jacobs, Katharine McAnarney, Elizabeth Rosenbaum, Victoria Stapleton, Angela Taldone, Megan Tingley y el resto del equipo en Little, Brown Books for Young Readers, por creer en mi sueño de compartir mi historia con las audiencias jóvenes. Antes de que mi historia se convirtiera en un libro para jóvenes lectores, Kate Hartson en Center Street se arriesgó conmigo y publicó mi primer libro, *Entre las sombras del sueño americano*. Le estaré eternamente agradecida.

Ofrezco mi más sincera gratitud a mi esposo, Fernando, mi mayor promotor, que hace que este sueño se vuelva realidad con su paciencia y amor.

Por último, gracias a los millones de inmigrantes que me antecedieron, que arriesgaron e incluso perdieron la vida, y abandonaron su familia y su tierra para venir a Estados Unidos. Gracias, porque sin ustedes Estados Unidos simplemente no existiría.